できるやんか！

「人間って欠けているから伸びるんや」

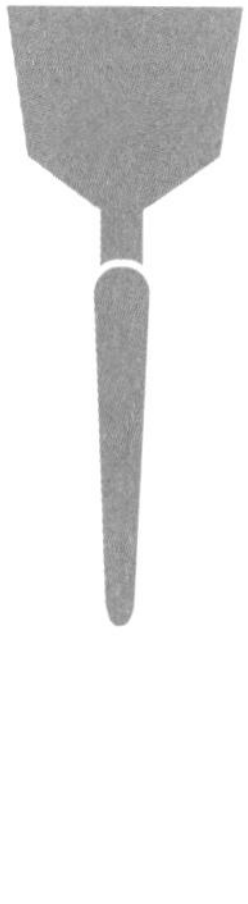

Nakai Masatsugu

中井政嗣

（「千房」会長、元道頓堀商店会会長、法務省矯正広報大使）

潮出版社

まえがき

私が初めての著書『無印人間でも社長になれた』（ぱるす出版）を出したのは昭和六十三年（一九八八年）の六月だった。その後、二冊目の依頼がいくつかの出版社からあったが、バブル崩壊《ほうかい》以後、何度となく経営危機に陥《おちい》り、「本なんか書いている場合ではない！」心境だった。あこがれの道頓堀《どうとんぼり》に自社ビルを建てた（平成五年）ことが経営の足を大きく引っ張る状態が続いたのである。もとより財テク目的で建設したものではない。営業成績良好にもかかわらず、ビルの資産評価が半値以下に下がったのだ。この危機は世間周知の事実となった。

あらゆる経費の見なおしや従業員の理解を得ながら全社一丸となって経営改革を進めた。その結果、いまようやくトンネルの出口が見えたところである。

この間、大きな経験と体験を積んだ。「千房《ちぼー》」の忘れられない歴史を刻《きざ》んだ。「ピンチはチャンス」

とよくいう。しかし、口ではいえても、ピンチはピンチとしてしか受け止められないのが現実である。だが弱音《よわね》は吐《は》けない。苦闘《くとう》の日々が続いた。

そんなとき、道頓堀商店会から「会長をやってもらえないか」という話がきた。「私ごときが」とさんざん悩んだが、お受けすることにした。平成十三年の春のことである。

千房ビルは道頓堀にあるが、「くいだおれ」や「かに道楽」のような一等地ではない。「千房」にお客さまにきていただくためには、道頓堀商店街に人を集めなければならない。道頓堀に人を集めるにはミナミに人を呼ばねばならない。ミナミに人を呼ぶには大阪に人を集めなければならない。そのためには北新地社交界やキタの商店街とも手を組まねば大阪の活性化はありえない。そう気づいたとき、

「これはおもしろい仕事になる！」

と思ったのだった。

安全で安心して楽しめる街《まち》づくりのために、いろいろな立場の人たちと情報交換しながら、私の社会的企業家としての歩《あゆ》みが始まった。その活動をとおしてこれまでとは違う人たちとの出会いが数多く生まれた。

本書を読んでいただければわかるが、私の人生を振り返ってみると、ずいぶんいろいろな方にお世話になってきた。経営学も教育学も知らなかった私だが、人とのかかわりのなかで、いつの間にか学び、そして成長させていただいてきた。その方たちのおかげで今日《こんにち》の私があるし、「千房」がある。

人との出会いの不思議さ、心のふれあいの大切さは、本書の成り立ちにもいえる。ごく簡潔《かんけつ》にいえば、あるところで私の講演を聞いてくださった満田和美《みつだかずみ》さんというご婦人が、『潮』編集部との仲立ちをしてくださったのである。

満田さんから『潮』という総合雑誌の名前を聞かされたとき、私はなんともいえない不思議な思いに駆《か》られた。昭和四十八年（一九七三年）に開店した千日前の「千房」一号店が軌道に乗るまで悪戦苦闘したことは前著に詳しいが、リピーター客を増やすために、お客に絵馬《えま》をプレゼントし、それが功《こう》を奏《そう》したという創業期のエピソードがある。そのことをグラビアで最初に取り上げてくれた雑誌が『潮』だったのである。「縁《えん》」があったのだなあ、とつくづく感じ入った所以《ゆえん》である。

創業三〇周年を迎える時期にいただいた今回の連載の話は、「千房」や道頓堀のことを大勢の人たちにアピールするにはとてもいい機会だった。

連載にあたり、とくに通しタイトルは決めなかったが、毎月、編集部から与えられたテーマに応じて綴《つづ》っていき、気がついたら一六回にもなっていた。

この間の反響はすさまじかった。読者から、編集部はもとより、私の会社や全国の支店にまでじつに多くの感想が寄せられた。そのつながりで、全国各地からの講演依頼も増えた。

反響の大きさに私は感激し、励《はげ》まされた。そしていっそう赤裸々《せきらら》に書いた。素直に誠実に、そして率直《そっちょく》に書いた。妻や子どもたちまで巻き込んだ。

家族や「千房」の幹部は、

「何もそこまで書かなくとも」

といった。しかし私は、恥ずかしいこととは思わなかった。すべて事実だからだ。真実ほど人の心を打つものはない。説得力があったのだ。

ただ、私の体験そのものは、ささやかなものだと思っている。何か特別なことをしてきたつもりはない。あたりまえのことをあたりまえに実践してきたら、大きな実績になり、私の自信にもなっただけのことである。人間、だれにでも可能性はあり、だれにでもできるんや、という思いは私のなかで一貫してある。そういう思いを込めて本書を『できるやんか！』という書名にした。

素人《しろうと》の私が二冊目の著書を出すなんて思いもかけないことだった。それが形になった。こんなうれしいことはない。

本書を手にした読者の皆さまにお願いしたい。一人でも多くの人たちに夢と希望を持ってほしい。現実から逃げないで立ち向かってほしい。

学歴も能力もない人間がこうして力強く生きていることを知ってもらうことで、「できるやんか！」を実感として受け入れられることと思う。そう、「人間って欠けているから伸びるんや」。

きょうもわが従業員が活《い》きいきと仕事に励む姿に心から感謝。「できるやんか！」。

連載と単行本化にあたり、『潮』の南晋三編集長（現編集局長）、担当の北川達也さんにお世話になった。あらためて御礼を申し上げます。

二〇〇四年二月吉日

中井政嗣

目次

装丁　多田和博
題字　たにぐち香葉
写真　中平兆二

できるやんか！

人間って欠けているから伸びるんや

第一章　一人を大切にするリーダーは必ず成功を勝ち取る

感謝をかたちに表し、自らが店頭に立つ

盆と正月とゴールデンウィークの年三回、ユニフォームを着て店頭に立ち始めてから一二年以上になる。

事務所は日曜、祝日は休みだが、私は礼状書きなどたまった雑用を処理するために出社する。あるとき、昼ごろ会社に出ると、お客さまが長蛇《ちょうだ》の列をなしていた。

「申しわけないな」――日ごろの感謝も込めてお礼かたがた、お客さまに接したい、声をかけたい、そう思って店長にお願いして店に出たのがはじめだった。

最初は、お盆のときだった。オープン前、従業員と一緒に店を掃除し、お客さまを待つ。私は感激した。感動した。うれしかった。

「ああ、こんなに大勢のお客さまが来てくれてはるのか。こんな人も来てくれてはるのか。こんなところからも来てもらっているのか」

昼のピークが過ぎると従業員は休憩《きゅうけい》に入る。だが、私には休憩はない。暑いなか、汗をダラダラたらしながら立っていた。すると、従業員が「社長、どうぞ」といって、冷たい缶《かん》コーヒーを持ってきてくれた。

「ご苦労さまです！」

「いやいや、どうもありがとう」

その缶コーヒーのおいしかったこと。あの味はいまでも忘れられない。

そのうちにお客さまから、「社長さんだったんですね」と声がかかるようになってきた。

従業員に聞いたのである。

「玄関に立っておられる人、元気な人ね」「あのオッちゃん、元気やな」

「ハイ！　あれがうちの社長なんです」

従業員は誇《ほこ》らしげに答えてくれたものである。

いまでは私自身が「千房《ちぼー》」の名物になってしまったが、私は「ありがたい」という心からの感謝の気持ちと、「従業員を励《はげ》ましてやってください。従業員のできの悪いところは私の体でフォローしますから」という思い、それをかたちに表しているだけなのである。

だから、ベビーカーを押してこられるお客さまがいれば、私はベビーカーごと子どもを抱《かか》えて階段を上がっていく。お年寄りが二階から下りてこられれば、手を差し伸べる。親

「千房」のお好み焼きを求め、道頓堀に長く伸びる行列。その行列のなかで社長自ら接客をする

切にするには勇気がいるというが、私にとってはごくごく自然なあたりまえの行動なのである。

多いときは四、五〇人並ばれることがある。長い列を見て、ためらいがちに、

「何分ぐらい並んだらええのん」

とよく聞かれる。その方の耳元で私が答えると、必ずクスッと笑われる。どのように答えるかといえば、「八分三五秒です」とか、秒単位でいうのがコツなのである。たまに、

「それオーバーしたらどうしてくれるのん」

といわれる方がいらっしゃる。

「そのときはタダにさせていただきます」

しかしこちらもプロだから、実際には、オーバーすることはない。

お年寄りが後ろに並んでいれば、即《そく》、飛んで行く。

「座っておられるお客さま、若い人は立ってください」

店の前には待ってくださる方のために三人掛けのイスが二つ用意してある。「イヤ！」という人は一人もいない。立たれた方にお年寄りがお礼をいう。そんな光景に、並んでいるみなさんは、まるで自分が席を譲《ゆず》ってもらったかのようなほのぼのとした顔になる。

にわか雨のときは、近くの一〇〇円ショップからビニール傘《がさ》を五〇本ほど買ってきて、お客さまに使っていただくこともある。もちろんそのお金は、私のポケットマネーである。ちょっと飲みにいったら五〇〇〇円くらい平気で散財《さんざい》しているのだから、店の評価になることに、それくらいの金額は安いものだ。

こんなことで喜んでくれはるんやったら、何でもやります——私にあるのはその思いだけである。

一人の人間の背後に何千人もの人がいる

一人の人を大切にする——私はリーダーの最大の要諦《ようてい》はここにあると思っている。

日ごろ元気だったアルバイトの女性が、給料を渡したとき、元気がないのに気がついた。この一五年余、私は給料袋にメッセージを入れ、感謝の思いを込めて一人ひとりに手渡してきた。いまは振り込みのため給与明細になり、従業員も増えたので手渡しはないが、感謝の思いは変わらない。

「きょうは元気ないな」

「お母さん、病気になっちゃった」

事情を聞いたあと、私は店長に聞いた。

「お見舞いに行ってあげたか？」

「いや、アルバイトですから」

「何いってるんだ。すぐ行きなさい」

お見舞いの花代など、いくらもしない。それが、ほかのアルバイトの人たちにどれほど勇気と張り合いを与えることか。私は、正社員とアルバイトの人たちに差別や区別をつけない。一人の人間の背後には、何千人もの人がいる。アルバイトの人たちにも、親がいて家族がいて友人がいる。一人の人に対してしていることは、じつは大勢の人に対してしていることと同じなのである。

高校卒業予定で、二月に面接した女の子がいた。一次募集が終わり、二次募集に応募《おうぼ》してくるというのは、ほかで落ちてきた子であることが多い。

うちは中卒者の面接は私が、高卒以上の面接は、まず人事部ですることにしているが、その日は係《かかり》に急用ができたので、手の空《あ》いていた私が面接をすることにした。

おとなしい子だった。学校の成績表には「1」と「2」が並び、「3」が少々。「4」「5」はなかった。

「オレといっしょや。すごいなあ」

私がいうと、彼女は照れくさそうにうつむいた。

「どこか、受けたんちゃうの？」

「受けました」

「落ちたんでしょう」

「落ちました」

「ちなみに、どこ受けたん？」

「○○レストラン」

「ああ、そりゃ落ちるわ」

そんな話をしながら、しばらくして私は聞いた。

「ほんまのこと教えて。あなた、人事担当者やったら、この子（自分自身を）採用するか。どう？」

彼女はこわごわ答えた。

「採用しません」

「なんで？　この子、社会人になって、外食産業で一生懸命がんばるっていうたんちゃうの？　オレ、真剣に聞いていた。この子のことを、あなた、なんで信じてあげへんの。オレは信じて聞いていた」

それからまた三〇分、私は人を信じることの大切さを説いた。

「もう一回、最後に聞きたい。この子、どう？　あなた、人事やったら採用するか？」

彼女は恐《おそ》るおそる口を開いた。

「採用します」

「そう。よう、いうたってくれました。はい、この子、採用です！」

すると、それまで弱々しい声で応答していた彼女がスックと立ち上がり、キッパリといったのである。

「社長さん、私、がんばります‼」

その後彼女は、店長の一人となって、あのときの言葉どおり、本当によくがんばってくれた。

人は、こちらが信じてあげれば必ず応《こた》えてくれるものなのだ。

新入社員研修などで、「社長、命がけでがんばります」といいながら、三日後には「やめさせていただきます」といいだす子もいる。そんなことを何度も経験してきた私は、口先だけの「がんばります」は、あまりまともに聞かないことにしている。しかし、私のほうからは次のような言葉はかけるように心がけてきた。

「おまえ、三日前のあれ、何やったん？　でも、わかってるんや。あのときはあのときやってんな。きょうはきょうやんか。三日後にまた考えが変わるかもしれんな」

「あのな、オレとキミとは二十歳も三十歳もちゃう。二十歳のキミがいくらがんばったかて、二十歳の考え方しかできん。たぶん、オレも二十歳のときやったらキミと同じ考え方やったと思う。でも、おかげさんでオレは二〇年、三〇年、キミよりよけいに生きてる。だから社会のことはキミよりちょっとはわかってる。年配のいうことは素直に聞いたほうがいいと思うよ」

上司は部下の好き嫌いをいうな

会社組織のなかにおいては、上司は部下を選べない。部下も上司を選べない。うちもそうである。

だから、私は店長にお願いしている。上司は部下の好《す》き嫌《きら》いだけは絶対にいわないでほしい。部下は上司を批判するけれど、上司は部下を絶対に批判しないでほしい。部下に好かれ、親しまれ、信頼され、感謝されるようになってほしい。そして、畏《おそ》れられるようになってほしい――と。

親しまれることと畏れられることは相反するように思えるが、じつはそうではない。けじめをつけているかどうかなのである。けじめをつけていなければ馴《な》れ合いになるか、そうでなければ、ただ畏れられるだけの上司になる。

リーダーたる者、大切なのは感情の管理をすることである。上司が部下に「正論」を吐《は》くのはたやすい。「正論」を前面に、相手をやっつけることはたやすい。正論だからだ。しかし、「正論」はときとして相手に感情が残るものである。「アカンこと」でも見逃さなければならないときもあれば、「わかっていても」叱《しか》らなければならないときもある。

それは、相手の〝健康状態〟にもよる。人間、疲れているときに叱られると、考え方が後ろ向きになる。元気なときなら、少々きつく叱っても受け入れてくれる。

私は奈良県の中学を卒業したあと、丁稚奉公《でっちぼうこう》に出た。丁稚奉公というのは上下関係がビシッとしていて、黒いものでも上司が白といえば白である。「黒とちゃうんですか」というと「それは口答えだ」といわれた。

では「長いものには巻かれろ」という生き方をしろということかと私は思った。あるとき先輩から、「まあちゃん、カラスは黄色やで」といわれた。そのころ、私は「まあちゃん」と呼ばれていた。

「たとえばな、こっちのバケツに黄色のペンキが入ってるねん。さあ、ここからカラスを取り出してきて、これでも、カラスは黒か」「カラスは黒や。オレかて、そんなこと百も承知や。でも、いまここにおるカラスは黄色やんか。これが社会やで」

要するに、とらえ方、考え方が違うだけだというのである。それからは、私はどんなことをいわれても「うん、わかった」と返事することにした。

円筒は上から見れば円に見え、横から見れば長方形に見える。「2＋3」は、だれが考えても答えは「5」である。だが、答えが「5」になる組み合わせはいく通りもある。

よく、こうしなさい、ああしなさい、そうすればこうなります、というリーダーがいる。これは理性あるリーダーである。それに対して、感性あるリーダーは、要はこうしたいのだ、そのためにはどうしたらいいと思うか、といういい方をする。そのほうが各人の個性が生かせるのはいうまでもない。

「千房」にはいま七六〇人の従業員がいるが、従業員が一〇〇人を超えたころ、人事部が接客マニュアルを作りたいといってきた。私は反対した。マニュアルで本当の接客ができるのか。お客さまは十人十色《といろ》である。一人ひとりに応じた心からの接客でなければ、お客さまは感動してくださるはずがない。

「与えられた台本をそのまま読んでおもろいのか。自分のマニュアルは自分で作れ」

とも私はいった。しかし、

「よそはみんな作ってはります」とあまり熱心にいうので二項目だけ作ることにした。

一つは、「ただいま営業中」の代わりに、「ただいま開放中」。つまり「あなたが楽しい時間をお過ごしできますよう、私たちはお手伝いします」。二つ目は、「あなたがこの店におられるあいだ、他のお客さまに迷惑《めいわく》をかけない範囲で、この店はあなたのものです」。

この二つを守れば何をしてもよい。あとはそれぞれ自分で考えればいい。

いま「千房」に来ていただいているお客さまは年間三〇〇万人。もちろんレシピ（調理法）や従業員の身だしなみの手引きはある。しかし、もし接客マニュアルを作って、画一的なサービスを提供していたら、これほど多くのお客さまに愛されるようにはならなかっただろう。

外食産業の三大要素は「味、価格、立地条件」である。いまの時代、どんな味でも、価格でも、立地条件でもまねできる。しかし絶対にまねできないものが一つだけある。ネームプレートにある「自分」である。これだけは間違いなくオリジナルの「特別サービスメニュー」であり、要はこれが光っているか、腐《くさ》っているかなのである。粗品ではない。

ちなみに、私のネームプレートには「ＣＨＩＢＯ（千房）　中井政嗣《まさつぐ》」とあるだけで、肩書はない。アルバイトも店長も同じである。

ピンチのときこそ絶好のチャンス！

海外を含めて五二店舗《てんぽ》（平成十六年四月現在）になったお好み焼き専門店「千房」だが、創業以来ピンチは何度もあった。

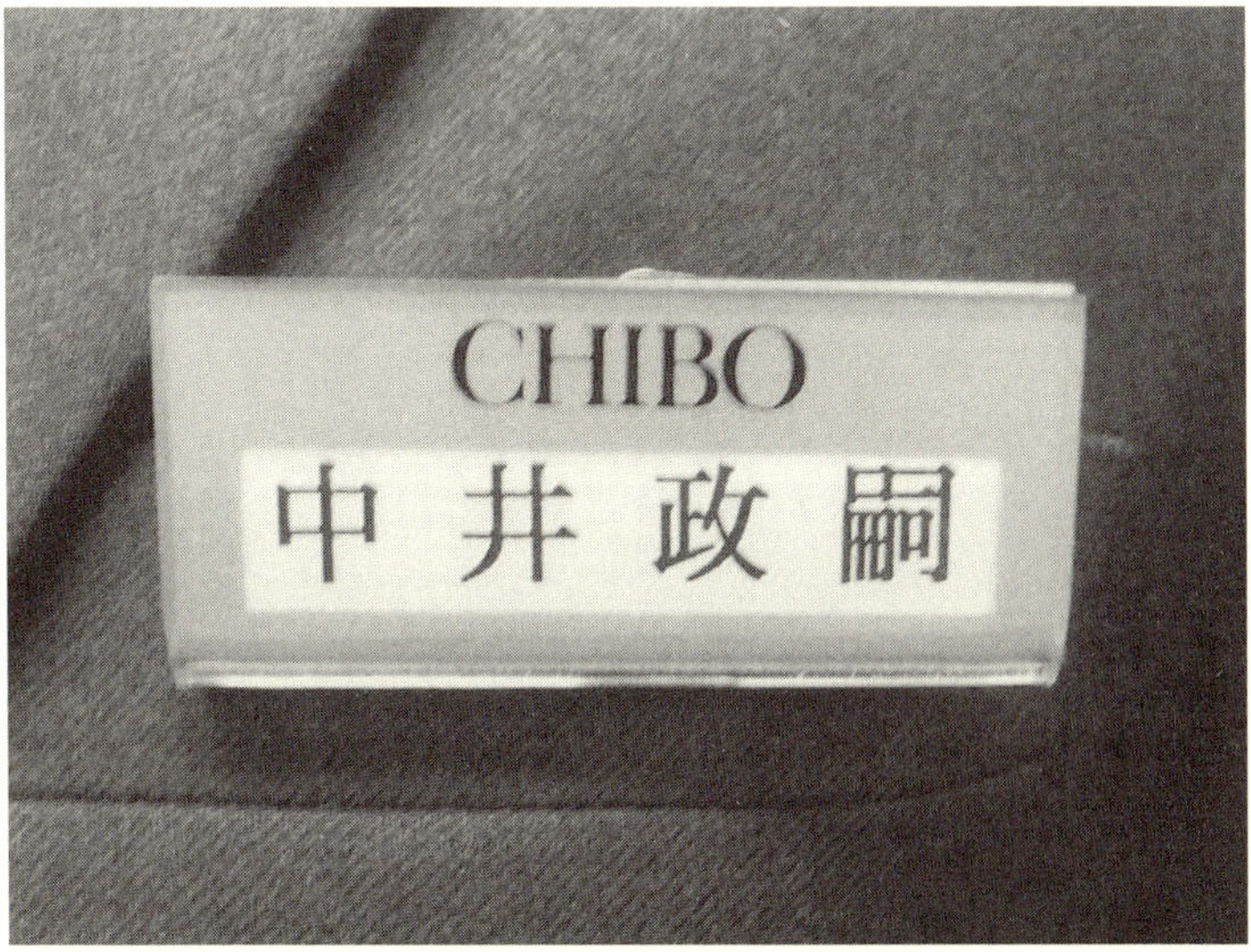

店頭に立つときは肩書きのないネームプレートをつける

その最大のものの一つが、平成三年（一九九一年）に大阪・道頓堀《どうとんぼり》に初の自社物件としてグルメビル（地上七階、地下一階）を建設している最中に、「日本経済新聞」夕刊（同年八月九日付）の全国版に「お好み焼きの千房、金利支払いに追いまくられ、幹部社員が定休日店舗営業」という記事が出たときだった。

記事そのものは幹部が現場に出てがんばっているという美談だったが、新聞社のデスクがそういうリードコピーをつけたのである。

総投下資本四九億円のうち、約三〇億円は金融機関からの借り入れである。さっそく金融機関が飛んできた。うちの幹部は真っ青になった。

しかし、ピンチのときこそチャンスである。いままでの自分の給料を三分の一に減らし、積立預金もすべて金利の支払いに回していた私は、この記事を武器にした。

「新聞、見ていただきましたか」

記事のコピーを手に営業に駆け回った。給料袋に入れるメッセージで全従業員にも訴えた。

「書かれている内容はすべて事実です。不安に思う人もいるかもしれませんが、目標達成のためには苦難な道を歩《あゆ》まねばなりません。千房はいま、大きな夢とロマンに燃えているのです。よその人はピンチと思われるかも。でも私は絶好のチャンスと考えています」

ありとあらゆる経費が節約された。歳暮《せいぼ》、中元、年賀状代までカットされた。

「新聞見たよ。ビルが建つまでしっかり通《かよ》うから、社長にがんばれというたげて」といってくれるお客さまもいた。

「建設費を応援しましょう」と、何億円も融資してくれる大手ビール会社もあった。

こうして、全従業員が一丸となって戦った結果、その年、平成三年は創業以来の好成績を上げることができたのである。

明かりが見え始めた翌年一月、大阪に本社を置くある有名企業のトップの方に、雑誌などで私のことを語ってくださったことに対する礼状を出したところ、こんな返事をいただいた。

「……もしこのビルが何事もなく、無事成功したとすれば、将来に大きな危険を孕《はら》んだことになります。いまだから乗り越えられるのです。しかも千房にとっては、全従業員が一丸となってことに当たるという貴重な経験です。

企業が永続するためには、一〇年に一度ぐらいこのような経験が必要です。悪を知らぬ善は脆《もろ》い、といわれます。苦しい経験のない企業も体質は弱くなるのです。つねに困難から逃げずに、堂々とそれを乗り越えていく千房も、体質の強い企業への第一歩を踏み出したのです」

ひとは私を「成功者」という。しかし、丁稚奉公から始まってここまでくることができたのは、多くの方々の温かい励ましがあったればこそであり、私の力ではない。「成功者」といわれたとき、私は必ずこう訂正させていただいている。

「私は成功者ではありません。成長者です」

第二章　勝負の世界は勝ったものが強いのだ

ある映画を通して学んだ「大きな教訓」

昭和四十八年（一九七三年）、「千房」として初めて千日前《せんにちまえ》に出店したとき、最初は暇《ひま》で暇で仕方がなかった。いまも経営は決して楽ではないが、創業当時の苦しさといったら「いつ潰《つぶ》れるか」という不安の連続で、半端《はんぱ》なものではなかった。

しかし、「いまにきっとよくなる」という夢と希望だけは常にあった。いま思うと、私はそれだけで乗り越えてきたような気がする。

当時は第一次オイルショックの真っただ中。けれども、私はオイルショックで景気が悪いのだ、ということを知らなかった。だから、どうしたらお客さまが来てくださるのか、喜んでくださるのか、すべてを内部要因、つまり「内部努力」の問題としか考えられなかった。

こんなに暇なのは自分の努力が足りないからや。もっと徹底してお客さまにサービスしよう。店をきれいに磨《みが》こう。商品を改良、開発しよう。ただそれだけだった。

その甲斐《かい》あって、開店後一年もしないうちに売上げが伸び始めたのだが、もしあのとき、「いまはオイルショックなんやから、店がはやらんのは当然や」とあきらめてしまっていたら、今日《こんにち》の「千房」はなかったかもしれない。

いま「千房」が大変なのも、自分たちの努力がまだまだ足りないからで、デフレだから、不景気だから、とは私は思っていない。何事もうまくいかない原因を外に求めているうちは、「勝利」はないからである。

当時、もう一つ、私を奮《ふる》い立たせてくれたのが、深夜テレビで見たあるアメリカ映画だった。

実話をもとにした映画で、ある死刑囚が最後まで無実を叫《さけ》びながら刑死していく。一人の新聞記者が、調べれば調べるほどこれは冤罪《えんざい》だ、いったいあの死刑囚はどんな思いで死んでいったのだろう、自分も一度体験してみたいと考える。そこで彼は、編集長を通して刑務所長に頼み込み、「死刑囚体験」をするために独房に入るのである。

一週間ほどして、クリーニングのために囚人服が交換される。ふと気がつくと、「五番」だったはずの胸の番号が「一五番」になっている。

看守を呼んで確認すると、看守は言下に否定する。

昭和48年12月９日オープンの「千房」１号店の看板（当時）

「何を勘違いしているんですか。あなたは一五番でしょう」

「いや、私は五番なんです。体験入獄している新聞記者です」

「あなたは死刑囚じゃないですか」

彼は冗談《じょうだん》だろうと思い、別の看守に訴《うった》える。けれども、その看守もとりあってくれない。

「じゃあ、所長さんに会わせてください。所長さんがすべて知っておられますから」

「そんなことはできません」

こうして彼は、自分が本当の死刑囚にされてしまったことに気づくのである。

食事ものどを通らなくなり、体はやせこけ、ヒゲは伸び放題になっていく。

「私は死刑囚ではない。ここから出してくれ！」

鉄格子《てつごうし》にしがみついて叫んでも、だれも相手にしてくれない。

ある朝、牧師が、「一緒にお祈りしましょう」といってやって来る。

「牧師さん、助けてください。私は新聞記者なんです」と必死に助けを請《こ》うても、牧師は、

「お祈りしましょう」というだけだった。

そして、ついに「その日」がやってくる。

「本日、刑が執行《しっこう》されます。ついては、一つだけ望みを叶《かな》えることができます。何なりとおっしゃいなさい」

アメリカでは死刑の執行は州知事の許可による。彼は最後の手段として州知事への連絡を頼み、電話で懸命に救出を訴える。だが、知事は、「心安らかにお眠りなさい」というだけだった。

やがて電気椅子《いす》に座らされ、頭から黒い頭巾《ずきん》をスッポリかぶせられる記者。

「何かいい残すことはありませんか」

牧師が声をかけるが、彼は何も答えない。

そして、電気椅子〝スイッチ・オン〟。その瞬間、編集長、刑務所長をはじめ彼にかかわった看守がいっせいに飛び出してくる。すべてが演技だったのである。もちろん電気は通っていなかった。

が、「これが死刑囚の体験です」と、頭巾をパッと取ったとき、記者は舌をかんで死んでいた——。映画はここで終わった。

恐ろしいまでにリアリティーあふれる映画だったが、見終わったとき、私が思ったのは、いかに絶望と恐怖のどん底に突き落とされたとはいえ、望みどおりの体験ができたのに、彼はなぜ舌をかんでしまったのか、ということだった。

〈なんで彼は死んでしまったんや。頭巾をかぶせられるまで生きていたのに……。〝本当の体験〟というのは自分を極限まで追い詰めへんかったらできないもんなんやな。でも、

なぜ彼が舌をかんだのか、俺《おれ》には納得できんなぁ〉

同時に考えたのは、暇で暇でいつ店が潰れるかわからない、自分自身の置かれた立場だった。

――そうや。これは何か大きな「力」が自分にすごい体験をさせようとしている試練なんや。でも、俺は絶対にへこたれんぞ。たとえ電気椅子に座らされ、頭巾をかぶせられるようなことがあっても、自《みず》ら命を絶《た》つことは、自分から店を閉《し》めるようなことは、絶対にしないぞ！

勝負は最後の瞬間まであきらめてはいけない、ということを、私はその映画を通して学んだのである。とても大きな教訓となった。

以来、経営的なピンチは何度かあった。それだけでなく、さまざまなトラブルを何度も経験してきた。

次々に襲いかかるさまざまなトラブル

ずいぶん昔の話になるが、店の近くにやくざの「組事務所」があり、いくら請求してもたまったツケを支払ってくれない。金額は三万円。当時の私には、とても大きなお金だった。〝事件〟が起きたのは、集金に行ったときだった。「取りに来い」というので領収書を持って出向くと、事務所に入るやいなや鍵《かぎ》を締《し》められてしまったのである。

「毎度ありがとうございます。お金いただきにまいりました」というと、いきなり、「首を出せ」という。最初は何のことかわからなかったが、見ると日本刀を手にしている。

「あのう、支払いをお願いしたいのですが……」

「うるさい。おまえら、いうてもわからへんさかいに、たたき斬《き》ったる。首を出せ！」

彼らの理屈では、どうやら三万円は踏《ふ》み倒すということらしかった。

私は腹をきめ、いわれるままに首を出した。頭のなかは、妻のことも子どものことも親のことも何も浮かばず真っ白だったが、自分でも不思議なくらい冷静だった。

〈死ぬ瞬間というのはこういうものか。あとはシューッと冷たいものが当たるだけやな〉

実際はほんの何秒間だったのだろうが、長いような、短いような、不思議な時間が過ぎた。すると、「わかったか！」という大声が頭の上から落ちてきた。

すべてはそれで終わりだった。ツケの三万円は払ってもらえなかったが、以後、組の関係者が店に出入りすることもなくなった。それでスッパリと縁《えん》が切れたのである。かわった世界である。

あるとき、従業員がつり銭を間違えたことがあった。

「責任者、出て来い！」

店中に鳴り響くどなり声に私が出ていくと、いきなり胸ぐらをつかまれた。

「おまえが責任者か。従業員にどんな教育しとんねん！」

「申し訳ありません」

謝《あやま》れば謝るほど、相手の怒《いか》りはますますエスカレートするばかり。

〈これは奥の手を使うしかないな〉

そう考えた私は、わざと命令口調《くちょう》で従業員にいいつけた。

「ちょっと、事務所に電話せい！」

「事務所」というのは、「警察」という意味の符号《ふごう》なのだが、歓楽街のど真ん中に店を構えている飲食店の店主がそういえば、当時、一般の人は「組の事務所」と受けとった。素人《しろうと》なら、たいていその一言《ひとこと》で引き下がる。経験から学んだ知恵だった。

ところが、私がそういうと、なんと向こうも、「なにぃ！　事務所に電話するんか。オレかて事務所に電話したる」といって〝本物〟の事務所に電話したのである。

やって来たのは向こうのほうが早かった。人数は三人。警官が駆けつけたのはそのあとだった。

警官の姿を見るやいなや、一人が私にささやいた。

「マスター、悪い。こらえといて」

「……はい、わかりました」

じつはその間、私は一～二回殴《なぐ》られていたが、ここで話をこじらせるのは店にとってもマイナスである。

「殴られたのですか」と警官がさかんに聞いてきたが、殴られたことはいわなかった。

それで一切は解決だった。二度と彼らが店に来ることはなかったのである。

勝つためには絶対に困難から逃げるな！

大阪の都心に支店を出したときのこと。改装工事にあたって、家主《やぬし》から「下の高級クラブは〝組関係者〟の経営です。くれぐれも注意してください」といわれていた私は、工務店にもその旨《むね》、念を押しておいた。

それが、工事が始まってすぐに、そのクラブから本社に、かみつくような勢いで電話がかかってきたのである。

「社長、出せ！」

「私ですが、何でしょうか」

「おまえが社長か。すぐ出てこいッ！」

「何があったんですか」

「来たらわかる」

あわてて飛んで行き、ドアを開けたとたん、私は息を飲んだ。ふさふさの絨毯《じゅうたん》がビシヨビショになり、壁面を伝って汚水《おすい》が流れ落ちている。

〈ワーッ、えらいことになってる〉

ビルの各階を貫《つらぬ》いて、上から下へ太い汚水管が通っている。工事中に誤ってその汚水管をドリルで傷つけてしまい、夕方になっていっせいにトイレが使われたために、全階の汚水が地下一階の高級クラブへ流れ込んでしまったのだ。

私が駆けつけたときは、天井裏《てんじょううら》に上がって補修を終えた工務店の社長自らが、汚水の入ったバケツを抱えて梯子《はしご》を降りてきたところだった。

そばに、一目《ひとめ》でその筋《すじ》の人間とわかる屈強《くっきょう》な男が三人、苦虫《にがむし》をかみつぶしたような顔で腕組みをして立っている。

「申し訳ありません！　ちゃんと補償させていただきます！」

バケツを前に、私たちは何度も何度も土下座《どげざ》した。

「堪忍《かんにん》でけん」とは、彼らはいわなかった。

「まあ、ええから」

「えっ？」

「いや、かまへんがな。これを飲め！」

工務店の社長に向かって、バケツ一杯の、強烈な臭《にお》いのする汚水を飲めという。残酷《ざんこく》な命令だった。

「申し訳ありません！　ちゃんと対応させていただきますから」

必死になって頭を汚水で汚れた絨毯にこすりつけて謝るのだが、相手は「飲め」の一点張りである。

「かまへんから、飲め！　全部飲んだら堪忍したる」

しかし、社長はバケツの汚水を飲もうとはしない。当然である。

「かわりに、私、飲ませていただいていいですか」

咄嗟《とっさ》に私は申し出ていた。

店にかけた投下資本は五〇〇〇万円。まるまる銀行からの借り入れである。工事がストップしたり、開店できなくなってしまったら、従業員やその家族がたちまち路頭《ろとう》に迷《まよ》ってしまう。一日も早くオープンしなければ……。その一心だった。

「よし、ほんなら、おまえ飲め」

「わかりました」

〈飲んだかて、まさか死にはせんやろ。飲んで堪忍してもらえるんやったら、俺が飲もう。

自分の店は自分で守るんや！〉

私はバケツを取り上げて、顔の前に持っていき、目をつぶって口を近づけた。

汚水が口に入るその瞬間、それまで黙《だま》ってことの成り行きを眺《なが》めていた兄貴分らしい人物が、スッと人さし指でバケツを反対側に傾《かたむ》けたのである。

「おまえ、ええ根性しとるな。堪忍したる」

その「堪忍したる」は補償を含めて何もかも「堪忍したる」だった。

「ありがとうございます。ホンマにええんですか？」

「かまへん、帰れ」

「いや、せめてうちの従業員に掃除《そうじ》に来させますから」

「かまへんから、もう帰れ！」

あとは、本社に戻るなり、すぐに「おわびに」といってメロン一箱を届け、オープンの日に「おかげさまで」とごあいさつにうかがっただけだった。

その後、店長に聞くと、

「なんかあったらいうてこいよ。おまえとこの社長、ええ根性しとる。おまえら、ええ社長のもとで働けて幸《しあわ》せやな」

といいながら、彼らは何度か店に来てくれたようだった。

それからは、何のトラブルもなく今日に至っている。

こうした命の縮《ちぢ》むような体験を重ねるなかで、私は思った。世の中、とくに勝負の世界は、強いものが勝つとはかぎらない。勝ったものが強いのだ。そして、勝つためには絶対に困難から逃げないことだ、と。

人間は相手の心を敏感に感じる生き物

「責任者、出て来い」というのは、トラブルやクレームのときの決まり文句といっていい。その場合の対応の仕方については私もいろいろ勉強してきたが、まずはともかく責任者が真っ先に出ていくことだと思う。俗《ぞく》っぽくいえば、責任者が体を張らなければ、組織（店）は守れない。

対応が一〇分遅れればお客さまの怒りは倍になり、二〇分遅れればさらに倍になる。人間、逃げれば逃げるほどさらに立場が弱くなる。だから私は、自分がその場にいれば、必ず「私が社長です」といって出ていくことにしている。

もう一つは、私の経験からいうと、もともと悪意のある人は別として、トラブルやクレームの原因はじつはそれ以前にあることが多い。

お客さまが来られても、店員は無愛想《ぶあいそう》。席に案内すると、椅子やテーブルが汚《よご》れている。

注文とは違うものが運ばれてきた。そんな店で、たとえば料理に髪《かみ》の毛が一本入っていたとしたら、だれもがキレるに決まっている。

反対に、「ようこそ、いらっしゃいませ」と心からお客さまを迎え、サービスが完璧《かんぺき》なら、仮に髪の毛が入ってしまっても、

「申し訳ありませんでした。サービスでちょっとイカも多めに入れておきました」

といって出しなおせば、たいていは笑って許してくださるものである。

人間というのは不思議なもので、相手がどんな気持ちで自分に接してくれているのか、敏感に感じるものなのだ。好意をもって接してくれているのか、そうでないのか――。

「千房」でも、かつてはクレームが続いた時期があった。それが目に見えて減ったのは、クレーム対応をあれこれ考える前に、お客さまに対するサービスを徹底して見つめなおし、改善してからだった。

商売というのは、お客さまに「おまえが気にいらん」といわれてしまえば、それでおしまいである。「こんなすばらしい商品があります」と、どう提案しようと、「あんたが嫌いや」といわれたら営業は絶対に成功しない。

お客さまは神さまであると同時に、裁判官でもある。即、判決は下る。商品がどうこう、売り込み方がどうこうという前に、お客さまに接する自分自身がどんな気持ちで接してい

従業員にはいつも気さくに声をかける

るのか。人間として相手に気に入ってもらえるかどうか、心証《しんしょう》がものをいう。究極の「勝利の方程式」は、この一点にあると思う。

「千房」もいまではハワイ店を含めて五二店舗。いま私は、自分自身の体験を語りながら、時代は変わろうとも、絶対に変えてはならないその創業の精神を、次代を担《にな》う若い人たちに伝えていかなければ、と思っている。

第三章　従業員の潜在能力をどう引き出すか

前味・中味・後味——大切な三つの「味」

企業経営にあって、組織やシステムの「ワンパターン」というのはありえない。時代も変われば人も変わる。そのときどきに応じて柔軟に変化させなければ会社の発展はない。「千房」でも、従業員五人でスタートした創業のときと、従業員が一〇〇人になったとき、七〇〇人を超えたいまではまったく違う。

しかし、変えてはならないこともある。経営において変えていかなければならないこと、変えてはいけないことがある。

「千房」が初めて支店を出したのは、大阪・長居《ながい》から千日前に移って四年目の昭和五十二年（一九七七年）。前の章で紹介した、やくざに汚水を飲まされそうになったあの心斎橋《しんさいばし》店である。

そのときが、経営者としての最初の試練であった。千日前の本店には私がいる。だから私が本店の店長を兼ねてもいいのだが、私にはやがて「千房」を多店舗展開したいという夢があった。それには、自分が現場に立たなくてもやっていけるよう、人を育てなければならない。

私は本店にも店長を置いた。自分は店の上のフロアに三坪(九・九平方メートル)ほどの部屋を借り、倉庫兼事務所をもった。机を一つ置き、電話を一本引いて、そこに陣取ったのである。

ところが、心斎橋店のほうは順調だったが、本店の売上げが目に見えて落ちていく。私は毎晩、営業が終わる深夜の三時まで事務所にいながら、気が気ではなかった。

理由ははっきりしていた。店長に聞くと、なじみのお客さまから、「マスター、どないしてはるん?」と聞かれるという。

「このごろ、店に出られへんようになったんです」と答えると、その日はお好み焼きを食べて帰られるものの、その後は足が遠のいてしまうというのである。

「社長、店に出てください」

店長は何度もいってくる。

出ようか出るまいか、私は悩んだ。出ればお客さまを呼び戻せる自信はあった。けれども、それでは多店舗展開など思いもよらない。

「千房」社員旅行での１枚。著者は中央（昭和57年８月）

〈これは、どうしてこの店がはやってきたのか、徹底的にノウハウを教える以外にないな〉

――味には「前味《まえあじ》」「中味《なかあじ》」「後味《あとあじ》」の三つの味がある。「前味」というのは、お客さまが入ってこられた瞬間に五感で感じるその店の第一印象。「中味」とは料理そのものの味。「後味」とは帰られるときの余韻《よいん》――。この三つがそろってはじめて「千房」の「味」になる。

私は店に出たくなる衝動を抑《おさ》えて、そういったいわば私の経営哲学から、お客さまを迎えるときのあいさつの仕方や見送り方などを一つひとつ店長に教え込んだ。

従業員のミーティングも毎晩やった。少しでも売上げがいいときは、ビールやジュース、もっといいときは巻き寿司《ずし》を食べさせながらのミーティングである。そういうときは、あえて厳しい話をした。

「きょうの売上げは昨日《きのう》までのお客さまの評価の表れや。だけどきょう一日、しっかり対応したか。問題はなかったか」

反対に、暇《ひま》なときはあえて皆をほめて、励ました。

「大丈夫。きょうの努力は明日《あす》以降の売上げに、きっと表れる」

そうしたことを続けていくうちに、それまでは夜十一時を過ぎるとお客さまが切れていたのが、近くの飲食店で働いている人たちがお店が終わってから来てくださるようになるなど、三カ月目ごろからは上向きになり、半年過ぎたころには元の売上げに戻ったのである。

「攻撃は最大の防御《ぼうぎょ》なり」——なじみのお客さまだけでなく、新規のお客さまを獲得しなければ店はすたれる、ということを私自身が学んだのもこの苦しい時期を通してだった。

その後の経験からいっても、繁盛《はんじょう》店というのは、だいたいは三分の一が常連のお客さま、三分の一がときどき来てくれるお客さま、三分の一が新規のお客さま、という構成になっている。

一人ひとりと結んだ「絆」が最大の財産

株式会社組織にしたのはそれから一年後、本店の見通しがついたころだった。社訓や経営理念を定めたのもそのときである。

といっても、従業員はたったの五人。内実は個人商店そのものだった。でも、夢だけは大きかった。

「五人やから、五軒、店をつくろう。みな、店長や」

「会社やったら出張もあるで。お好み焼き屋で出張やなんて、カッコええなぁ」

牛丼《ぎゅうどん》の吉野家さんも海外に店がある。

「海外にも店を出さんならんな」

みな、固く強い信頼感で結ばれた、いわば私の分身だった。「千房」の精神的基盤、考え方の基礎はすべてこの時代につくられたといっても過言ではない。

あるとき、一人の社員が退職したいといってきた。家の事情で故郷に帰らなければならないという。私はどうしても引き止めたかった。

だが、「親のいうことは素直《すなお》に聞きなさい」と常々いってきた私である。家の事情といわれると、引き止めるすべがない。

「ほんなら、俺《おれ》がご両親に手紙を書こう。それでもあかんかったら、俺がご両親に会いに行く」というと、「それだけはやめてください」という。

「ほな、どうしたらええの？」

「ですから退職させていただきたいんです」

「あかん。俺はおまえのこと、むちゃくちゃ好きなんや」

押し問答を繰り返したあと、最後に私はこういった。

「そうか、わかった。ほな、俺にツバかけてくれ。それやったら、おまえのことスッパリ忘れられる。『千房が好きです、社長が好きです』となんぼええこというてもろたかて、やめていくんやったら、そんな言葉は嘘《うそ》や。それよりもツバかけられたほうがまだ俺は救われる」

私は顔を突き出した。すると彼は、おずおずと、「わかりました。親を説得します」といってくれたのである。

その彼はいま部長として、私の大事な片腕の一人になっている。

こうして一人ひとりと結んできた絆《きずな》こそ、何ものにも替えがたい、「千房」の最大の財産なのである。

支店が増えてくると、私自身が従業員に会う機会も減ってくる。前にも書いたが、給料袋の中に約六〇〇字ほどの私のメッセージを入れ、支店を回って一人ひとりに手渡したのもそのころだった。店長、営業部長という組織はあっても、一人ひとりに「命」を吹き込むことができるのは、トップ以外にないからである。

とはいっても、従業員をどこまで信頼し、信用するかというのは、経営者にとって永遠のテーマかもしれない。

私は従業員を一〇〇パーセント信頼している。と同時に、矛盾《むじゅん》するようだが、全面的には信用していない。

というのは、最初の長居の店のころ、信頼していた従業員に裏切られたことがあるからである。

そのとき、いわば売り言葉に買い言葉で、「おまえみたいなやつ、だれも信用しとらへんわ。二度とうちの敷居《しきい》、またがんといてくれ」といってしまい、その自分の言葉にハッと気づいたのである。

〈そうや、信用し切ってたからこそ腹が立つんや、信頼はするけども手放しで全面的には信用したらあかん、という気持ちを自分のどっかに持っとかんかったら、いざというとき自分自身が救われへんな――〉

いまの言葉でいうと「危機管理」ということになるのだろうが、従業員を信頼しなければ経営はできない。しかし、ただ盲目的《もうもくてき》に信用するだけでは、たんなる「お人好し」ということになる。

組織はすべて中心者で決まる

平成十二年（二〇〇〇年）、大阪・曽根崎《そねざき》店を全面改装したときのことである。資金繰《ぐ》りが大変なときで、私にとってはある意味、イチかバチかの賭《か》けだった。

会社も大きくなっていて、私が各店に顔を出すこともあまりなくなっていたが、ここぞというときは責任者が陣頭指揮《じんとうしき》をとらなければ組織は活性化しない。私は店の全従業員を集めて三時間みっちりとミーティングし、この店が会社にとっていかに大切な店かを全魂《ぜんこん》込めて訴えた。

改装オープンしたのは十二月。最初の土・日は好調で、それなりに数字も上がった。ところが翌日の午後三時ごろ、近くに用事があったので立ち寄ってみると、店の前にゴミが落ちている。中をのぞくとガラガラで、店長が伝票のようなものをお客さまのテーブルで整理している。

〈これはあかん！〉

そう思いながら店に入ると、従業員が休憩《きゅうけい》用に使っていたのだろう、お客さま用の個室のテーブルの上に新聞や週刊誌が散らかっている。

私は、店長を一喝《いっかつ》した。

「何してんの！　この部屋は従業員の部屋やない。お客さまの部屋や。お客さまが使わへんから使ってもええというものとちゃう。ましてお客さまから見えるところで伝票を整理するなんて、それはないやろ」

翌日、上がってきた売上げの数字を見ると、案の定、最低だった。

私は営業部長の承諾《しょうだく》を得たうえで、ただちに店長を呼び、「店長交代」を告げた。

「あんな状態で売上げが上がるはずがない。十二月いっぱいまでいってあかんかったら、キミは間違いなく降格や。いまやったら別の店で店長できる。キミのことを思うていうんや、別の店で店長やらへんか」

うなだれて聞いていた店長は、青ざめた顔を上げると、キッと私の顔を見つめていった。

「社長、一カ月、待ってください」

私も憎《にく》くて叱《しか》ったわけではない。

「よっしゃ、わかった。じゃあ、頼むで！」

彼の言葉を信じて一カ月ようすを見ることにした。

すると、なんとその翌日から、がぜん売上げが伸びたのである。私は即座に激励の電話を入れた。

「ようがんばってくれてるな。僕は毎年、正月は道頓堀《どうとんぼり》店の店頭に立つけれど、今年の正月五日間はキミとこの店に行くからな」

元旦、約束どおり曽根崎店に行くと、店の前で、お客さま用の個室の暖簾《のれん》を提《さ》げてやってくるアルバイトの女の子に出くわした。

「どうしたん？」と聞くと、「汚れていましたので家で洗濯《せんたく》してきました」という。自分で洗濯し、アイロンをかけてきてくれたのだった。その姿に、私は前回とは違う従業員たちの「やる気」を感じた。

「そうか、ありがとう。売上げ、一気に増えたな。何かあったんか？」

彼女は屈託《くったく》なく理由を明かしてくれた。

「社長、オープン早々に店長を呼ばはりましたね。帰ってくるなり、店長が泣きながら、『俺を助けてくれ』っていわはったんです。『この十二月、目標達成できひんかったら、俺はクビや』って」

あとで知ったことだが、それまでは店長が従業員たちに頭ごなしに命令し、押さえつけていたために、反発心から皆の心がバラバラだったという。その偉そうにしていた店長が、泣きながら謝《あやま》り、協力を呼びかける姿に、みんなで力を合わせてがんばろう、と一丸になったというのである。

組織はすべて中心者で決まる。中心者が本気になり、自分を捨ててかかったとき、みなの心が一つになり、それまででは考えられなかった大きな「力」が出るものなのだ。

「平等」に機会を与え「公平」に評価する

従業員の数が七六〇人を超えた「千房」の課題の一つは人材の育成にあると私は考えている。

リーダーは、まず「誠実」でなければならない。リーダーが部下の前で上司の悪口をいえば、部下も間違いなく同じことをする。そういう人間は私は信用しないことにしている。

次に部下を「公平」に見られることである。「平等」と「公平」は違う。「平等」というのは一律で、一等賞も三等賞もない。それに対して「公平」には競争原理が働く。一等賞から三等賞まできちんと評価する。みなに平等にチャンスを与え、公平に評価できなければリーダーたりえない。

そして、部下から親しまれ、感謝され、畏《おそ》れられているかどうかである。親しまれるのと畏れられるのは、相反するようでそうではない。馴《な》れ合いではなく、親しまれながらきちんとけじめをつける。それができてこそ畏れられるのである。そうでなければ、みなの心を一つにし、全体の士気を高めることはできない。

だからいま「千房」では、草創期とは違い、幹部にするかどうかはいま述べたような「人間としての力」があるかどうかを第一の基準に判断している。

それともう一つ、もちろん「千房」でもコンピュータを導入し、経営の近代化（デジタル化）をはかっているが、私が常に心がけているのは、どんな時代になっても「アナログの部分」を大切にするということである。アナログが人の「心」を動かすのだ。

ある大手流通業の社長さんが、会社が失敗した原因は組織が官僚化したことにあった、とおっしゃっていた。官僚化したというのは、私なりに解釈すれば、「アナログの部分」

著者が考える「千房」の組織形態

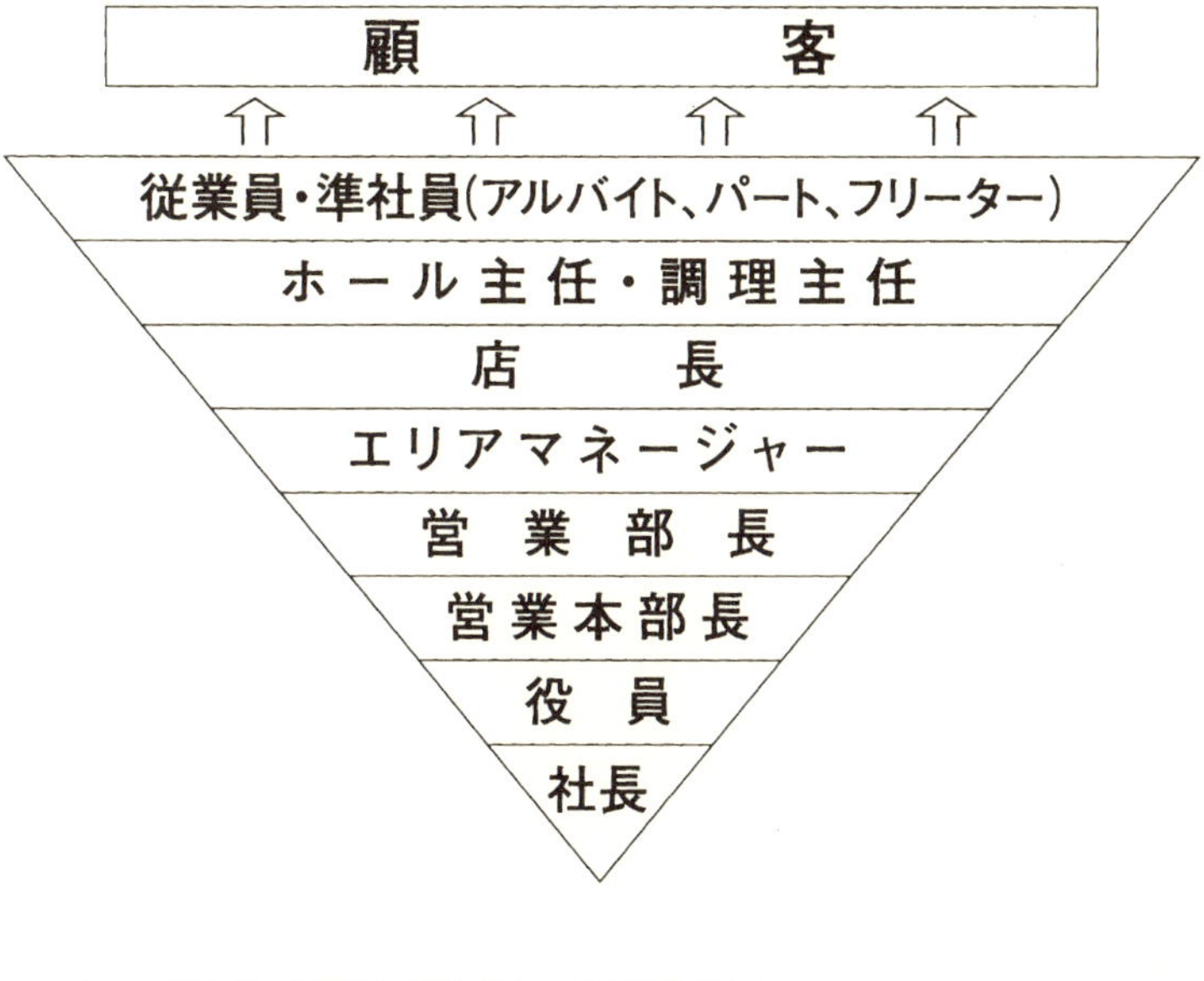

を失ったということだろう。

「千房」では、店長からもアルバイトからも、思ったまま、感じたままを「日報」として手書きで提出してもらう。またお客さまからの声は、おほめの言葉であれクレームであれ、全体に関係することであれば全店に流すようにしている。それは、そういうアナログの部分こそ「千房」を「千房」たらしめている根源だと考えているからだ。

経営組織というのは、大きくなれば、形態的にはピラミッド型にならざるをえない。「千房」の場合も、形としては、ホール主任と調理主任の上に店長がいて、全店を七人のエリアマネージャーが手分けして統括《とうかつ》し、それを営業部長が束《たば》ね、その上に営業本部長、役員、社長がいるという形になっている。

しかし私は、そのピラミッド型は、じつは〝逆三角形〟だと考えている（前頁の図参照）。いうまでもなく、お客さまと接するいちばん大事なところにいるのは従業員であり、準社員（アルバイト、パート、フリーター）だからである。

その〝トップの人たち〟が存分に力を発揮できる、つまり従業員たちを「その気」にさせる環境をどうつくっていくか。私や幹部に与えられた課題は、その一点にあると思っている。外食産業は教育産業でもある。これは終わりなき「永遠のテーマ」なのだ。

第四章　いつも仕事のことを考えてきた

経験や知識の蓄積が「考える力」を育む

「なんでだろう〜、なんでだろう」という、軽妙なリズムとコミカルな語り口でウケている若いお笑いコンビがある。ウケているのは、それこそなんでだろうか。あらたまったい方をすれば、おそらく時代が「考える力」を求めているからだろう。

人間は過去の記憶によって生きている。経験や体験、知識というインプットがなければ、知恵も工夫も考える力も出てこない。

後の章（第六章）で詳しく述べるが、私は四十歳で大阪府立桃谷《ももだに》高校の通信制を卒業した。その卒業式で校長先生からこういう祝辞があった。

「みなさん、無事四年で卒業された方、四年以上かかって卒業された方もおられると思いますが、いずれにしてもみなさんは高校の学問を学びました。でももう忘れたでしょう。しかし、みなさんの頭のなかには間違いなく高校の学問がインプットされました。必要なときは必ず出てきます」

その話を聞いて、私はなるほど、「学ぶ」というのはそこにあるのだな、と思った。

「学ぶ」というと、昔は「読み・書き・ソロバン」といわれた。いまの時代、私は「読み書き」にプラス「見る」「聞く」、そして何よりも人に「話す」ことだと思う。この場合、「見る」「聞く」というのは「経験」「体験」という言葉に置き換えてもいい。

「読み書き」については、青春の甘酸《あまず》っぱい思い出がある。

中学時代、私には好きな子がいた。当時、卒業式が近づくと、同級生同士、卒業記念にサインをし合うことがはやっていて、ドキドキしながら彼女にサイン帳を差し出すと、丁《でっ》稚奉公《ちぼうこう》に出る私に「がんばってください！」と書いてくれた。彼女はいまでいえばみんなのアイドル的な存在だった。

それから二年間、文通が続いた。一通の手紙を書くのにも、私は何回も何回も下書きをした。この文通がいわば私の文章修業《しゅぎょう》になったのである。そのとき使用した国語辞典は、いまなお手放せない。

彼女は私の誕生日に『バイロン詩集』を贈《おく》ってくれた。

〈これ、どういう意味やろ？〉

私は何回も詩集を読み返しては考えた。詩はもう忘れてしまったが、詩や読書に目覚め

大阪府立桃谷高校の卒業式で卒業証書を授与される著者（昭和61年）

たのもこの『バイロン詩集』がきっかけだった。

彼女の愛称は「ミコ」、私は政嗣《まさつぐ》だから「マコ」。私はひそかにそのころ評判になっていた『愛と死をみつめて』(昭和三十九年のベストセラー)の「ミコ」と「マコ」に二人をなぞらえていた。

どんな事情があったのか、二年後に便《たよ》りがプッツリと絶《た》え、「ミコとマコの純情物語」もそれで終わってしまったのだが、十五歳から十七歳、人生でいちばん多感なときの「読み書き」修業だった。

読書といえば、丁稚づとめをした店の隣《となり》の金物屋さんに小説好きの大学生の息子さんがいて、顔を合わせると、「まあちゃん、これ読むか?」といって自分が読んだ本を貸してくれ、私が読み終えると、「どうやった?」と感想を聞いてきた。本を読みながら自分なりに考える習慣がついたのはそれからで、いまでも人に対して「どうやった」という癖《くせ》が習慣となっている。

そんなことがあって、初めは石坂洋次郎に没頭し、源氏鶏太《げんじけいた》や松本清張、そして山本周五郎を好《この》んで読んだ。その後、松下幸之助さんの本も、江崎グリコの江崎利一《りいち》さんの本も読んだ。

また、人の心を読むには心理学を勉強することだと知り、犯罪心理学、社会心理学、幼児心理学と心理学の本もずいぶん読んだ。

大勢の従業員をあずかるようになってから、こうした読書がどれほど役に立ったかわからない。

小・中学校時代、パワフルで明るい性格だった私は、ずっと放送部に所属した。高校でも放送部だった。子どものころから人前でしゃべることが好きだったのかもしれない。

といっても、放送部員の仕事は「次はチャイコフスキーの『白鳥の湖』です」とか、「ドヴォルザークの交響曲第九番『新世界から』です」などと、校内放送でかけるレコードの曲名と作曲者名を紹介するだけだったが、そのうちに「この曲、ええなあ」と思うようになってきた。じつは歌謡曲も大好きだったのだが、歌謡曲は学校ではかけられなかったのである。それ以来、クラシックが好きになり、いまもクルマの中ではスメタナの「わが祖国」が私の心を落ち着かせてくれている。

またそのころは、楽器はハーモニカが得意だった。丁稚時代、仕事を終えたあとハーモニカで童謡《どうよう》を吹くのが心の支えで、ギターを弾《ひ》いたり、トランペットを吹いたりもした。

音楽が好きなのは、両親が歌謡曲や浪曲《ろうきょく》が大好きで、貧《まず》しいながらも家に蓄音機《ちくおんき》があり、母がかけていた歌謡曲を聞いて育ったからかもしれない。両親のことは最終章で詳しく述べるが、父は無口で働き者。またアイデアマンで、好奇心旺盛《おうせい》な人だった。曲がったことが大嫌いな人でもあった。母は涙もろく、やさしい人で、教訓と癒《いや》しがうまいぐあいに混ざり合っているような家庭だった。

感受性の強い人は「考える力」も強いといわれるが、感受性という点については、これらの家庭環境も私の人間形成に大きく影響しているのだろう。

義兄から教わった大きな教訓

「経験」「体験」ということでは、これまでの人生で無駄《むだ》と思っていた体験や経験は、いまになって思えば、一つとして無駄ではなかったといい切れる。

昭和四十二年（一九六七年）、大阪・長居に初めて店を出したとき、ちょっと儲《もう》かったので最高級のステレオを買った。分不相応《ぶんふそうおう》であることはわかっていたが、子どものころからの夢だった。

さっそく取り付けると、身も心もとろけるような音が店いっぱいに広がった。私はうっとりとして聞きほれた。

すると、店を世話してくれた義兄が顔色を変えて飛んで来た。

「おまえ、何してんのや。ちょっとカネ入ったからいうて、いい気になって。すぐステレオを電気屋に返せ！」

〈返せいうたかて、せっかく新品買うてきたのに……〉

と思ったが、当時の私にとって義兄は絶対的な存在だった。

「俺が電気屋へ行ってくる」

そういうと、義兄は返品の段取りまでつけてきた。

いよいよ明日返さなければならないという前の晩、私は夜遅くまでステレオで音楽を聞いた。掌中《しょうちゅう》の宝物を失うようなあのときの寂《さび》しさは、いまでもはっきりと覚《おぼ》えている。苦しさや厳しさは耐えられるが、寂しさは耐えられない。

私の気持ちを察したのか、そのとき義兄はこんな話をしてくれた。

「チリメンジャコはおいしいけど、口に入れたらすぐ溶《と》ける。そやからチリメンジャコを餌《えさ》にしてサバを釣《つ》れ。サバやったら一日は食える。でも辛抱《しんぼう》せえ。サバを餌にしてマグロを釣れ。マグロやったら一カ月食える。でも、もう一回辛抱してマグロを餌にしてクジラを釣れ。クジラ釣ったら、一生食える。それが〝経営〟いうもんや」

この義兄の話は、以来、私のとても大きな教訓になっている。

そのころ、義兄は盛んに、「いま何をいうたかて、おまえにはわからへんやろ。けど、必ずわかるときがくるから、聞いておけ」ともいっていた。同じことを、いま私は従業員にいっている。

義兄は本物の職人だった。義兄がやっていた洋食レストランでコックの修業をしていたときのこと。お客さまが、私が運んだエビフライをまさに食べようとされていたとき、それをカウンター越しに見ていた義兄が、私にいった。

「おまえ、何か忘れてるやろ」

そういわれても、何も思い当たらない。

すると、義兄は姉にそのエビフライを下げてこさせるやいなや、「これや！」といってパセリをパッとのせたのである。昼のラッシュ時で、私は忙《いそが》しさにまぎれてうっかり忘れていた。

「何があったん？」

出し直すと、お客さまが心配して聞いてこられた。

「すみません、パセリを忘れていたんです」

「パセリなんか、わし食うか。腹減ってるんや。アホか！」

とたんに、お客さまは怒《おこ》って帰ってしまった。

「ほら見ろ、おまえのせいや」

義兄の言葉に、私は全身が縮《ちぢ》む思いだった。

パセリをのせなくてもお客さまはそのまま食べてくれたかもしれない。いや、食べようとしていた。しかし義兄は、料理については絶対に妥協《だきょう》しない人だった。

私はその義兄の姿から、お客さまにお出しする料理は何が欠けてもいけないのだ、一パーセントでも欠ければ一〇〇パーセント欠けたのと同じなのだ、という料理人としての基本を身にしみて学んだのである。

失敗から学ぶには自分に「素直」であれ

やはり義兄の店で働いていたとき、カウンターの上のお椀《わん》を客席のほうに落としてしまい、義兄にボロクソに叱《しか》られたことがあった。

〈お客さまの前で、そないに怒らんかてええやんか……〉

あまりの剣幕《けんまく》に、私はふてくされながら仕事を続けた。

私のふくれ面《つら》を見るに見かねたのか、そのとき、あるお客さまからこういわれたのである。

「兄ちゃん、素直に認めなあかんなぁー、失敗したんはあんたやねんから。素直に謝《あやま》ってたら、みんなあんたを応援したんねん。でも、あんたみたいにブスッとしとったら、『こいつ、なんて生意気《なまいき》なやつや』って思う。謝るときはきちんと謝らなあかん。素直にならなあかんで」

お客さまからそういわれ、私は自分を反省せざるをえなかった。

失敗はだれにでもある。私が失敗を生かすことができたのは、指摘されるたびに自分の非を素直に認めるようになってはじめて、そこから一つひとつ学んできたのかなと思う。

「夜降る雪は積もる」

というけれど、夜降った雪はなんで積もるのか、という話を丁稚時代の番頭さんから聞いたことがある。

「答えは簡単や」

と、その番頭さんはいった。

「夜はみんな寝てるやろ。人生もそうやで。才能も能力もカネも学歴もなかったら、みんなが寝てるときに働かなあかん、努力せなあかん。それで才能やカネが積もるんや。それで人生勝てるんや――」

いわれたとおり、私は素直に受け取った。身内だから勤務時間は始発から最終電車までの年中無休。来客のピークが終わると、義兄は「まあちゃん、あの仕込み残ってるけどちょっと休憩《きゅうけい》しい」といってくれたが、私は休めなかった。自分には才能もカネも学歴もない。だったら人の三倍働こう、努力しようと思ったのである。

事業展開真っただ中、知人にお金を貸して踏み倒されたり、保証人になって借金を背負い込んだり、自分はなんて運が悪いのだろう、と思ったこともある。

だが、すぐに気持ちを切り替えて、これは目に見えない大きな力が自分を試《ため》しているのだな、まだまだ「学べ」ということなのだな、と前向きに受け止めてきた。

不幸や不運を嘆《なげ》き悲しんでいるだけでは明日へのバネにはならない。悲観的な考えからは前進への発想は生まれない。中心者が暗ければ周りも暗くなる。もっというと、花には蝶《ちょう》々《ちょう》が飛んでくる。ウンコに飛んでくるのはハエだけである。「泣きっ面に蜂《はち》」、泣いたらアカン！

「禍《わざわい》を転じて福となす」という言葉があるが、「禍」を「福」となすもなさないも、要は自分のとらえ方、つまり、「心」次第だと思うのだ。

経営に行きづまり、悩み苦しんだ時期もあった。そんなとき、従業員が持ってきた退職願を前に、「キミ、幸せやなあ」と思わず本音を口にしたこともある。

「キミは自由にやめられる。俺は逃げとうても逃げられへん。やめられへんのや」

現実から逃げられない以上、どんな思いをしても乗り越えるしかない。その知恵と工夫を重ねるなかで努力が報《むく》われ、次のステップへの「考える力」がついてきた。努力は嘘をつかないのである。

「聞く」力と「話す」力の関係

「話す」ということについて述べる前に、「聞く」ということについて常々感じていることがある。

高性能のラジオが、AMでもFMでも短波でもさまざまな電波を受信できるように、人間は本来、どんな人の話でも吸収できる受信機を備《そな》えている。

ところが、そういう高性能の受信機を持っていながら、セミナーなどに行くと、前のほうの席が空《あ》いているのに、わざわざ後ろのほうに座る人がいる。ロイヤルボックス（貴賓《きひん》席《せき》）は、前の席にこそあるというのに――。

座る位置を見ればその人の心構《がま》えがわかるという。私はできるだけ前の席に座って聞くことにしているが、後ろの席に座る人は本当に学ぼうという気がないとしか思えない。

「千房」でも、社内セミナーのとき、後ろに座りたがる社員もいるが、あえて一番前に席替えをさせる。そういう社員こそ、いちばん勉強してもらいたい社員だからだ。「聞く」ということではもう一つ――、話を聞いても、質問することができなければあまり身につかない。

話を聞いてどれだけ理解できたかは、どういう質問ができるかでわかるものである。何も質問がないということは興味・関心がないということであり、はっきりいえば、何も考えていない、問題意識を持っていないということにほかならない。私は経営者として、いつも仕事のことを考えているといっても過言ではない。

「千房」のセミナーでは、ときどき「質問は?」といわれたら、質問があってもなくても全員に手を挙《あ》げさせるようにしている。そうすることによって、話を考えながら聞くようになるからである。

さて、最後に「話す」ということである。私は自分が読んだこと、見たこと、聞いたこと、体験したことを人に話すことほど自分自身の「学び」にもなり、「考える力」を培《つちか》ってくれるものはないと思う。

講演に行くと、よく「中井さんから元気をもらった」といわれるが、いちばん元気になったのは、じつは話を聞いた人より話をした私のほうなのである。

人に「話す」ということをしない人は、話を聞いたときは元気をもらったように思っても、その元気は長くは続かない。話を聞いたというのはクルマでいえばセル(エンジンの始動用電動機)を回してもらったようなもので、セルを回してもらってもエンジンがかからなければクルマは走らない。エンジンは自分が人に話すことによってかかるのである。

私はパーティーに出席するときは、事前にあいさつを頼まれていなくても、いつ指名されてもいいように心構えだけはしておく。「何も考えてこなかったものですから……」というような無様《ぶざま》なことだけはいわなくて済むように、もし突然指名されたらあの話とこの話をしよう、と考えている。

そのための準備というわけではないが、ベッドの脇《わき》にいつもメモ用紙と鉛筆を置いている。テレビを見ていても、ハッと気がついたことがあればメモをとる。あるいはそういう習慣が、知らずしらずのうちに私に「考える力」をつけてくれているのかもしれない。

「知識」は入れるもの。出すものは「知恵」と「工夫」。そのパイプ役が「考える力」なのである。

第五章　相手の心にひびく「口コミ《くち》」術

コマーシャルがもたらす宣伝効果

「千房」の名前が少しは世間に知られるようになったのは、千日前に開店して二年ほどたった昭和五十年（一九七五年）ごろ、ラジオ大阪でコマーシャルを流すようになってからだった。

コマーシャルを打つ目的は、ふつう店や会社のPRにある。「千房」は当時まだ一店舗。コマーシャルが必要な規模でもなく、分不相応《ぶんふそうおう》であることは承知のうえだった。

私の目的は従業員対策にあった。テレビやラジオでコマーシャルを流しているのは有名な店や会社ばかりである。そのなかに「千房」の名前が出てくれれば、従業員はどんなに誇《ほこ》りに思うだろう。従業員が誇りをもてば店は必ず繁栄する――。

そのころ、「千房」の利益は月三〇万円。ラジオ大阪の営業担当者の話では、三〇万円で二〇秒のスポットが週三回（時間指定なし）流せるという。私は利益をすべてコマーシャルにつぎ込むことにした。ラジオ大阪を選んだ理由は簡単で、私がよく聴《き》いていた放送局だったからだ。

初めてのコマーシャルは「バンザイ歌謡曲」という人気番組のスポット・コマーシャルだった。コマーシャルが流れる時間はあらかじめわかっている。その時間になると、私は店内のBGMをラジオ放送に切り替えた。

すると、お客さまが「おっ、『千房』やないか」という顔をして箸《はし》を持つ手をとめられる。「私たちの店のコマーシャルです」——従業員もみな誇らしげだった。

「千房」がコマーシャルをやっている！ そのことが従業員や従業員の家族から友人に伝わり、お客さまの口コミで広まっていく。従業員対策として始めたコマーシャルが、結果としてPRになったのである。

この二〇秒のスポット・コマーシャルが、その後「千房」が大きく飛躍する契機になったのだが、それは後日のこと。

「コマーシャルに、どなたを使われますか？」

営業担当者に聞かれたとき、私は即座に河内雅介《かわちまさすけ》さんを指名した。河内さんというのは当時のラジオ大阪のニュースキャスターで、大阪弁でわかりやすくニュースを解説されるソフトな語り口が耳に心地よく、私は河内さんのファンになっていた。

ところが、「河内雅介」というのは田口義行《よしつら》さんというラジオ大阪の制作部長（当時）のペンネームで、後述するように、それが「ぬかるみ焼き」の大ヒットメニューの誕生につながったのである。

昭和五十二年（一九七七年）に心斎橋に第一号の支店を出したころ、多店舗展開の武器としてテレビコマーシャルを考えたときも、私は直接的な効果というよりも、視聴者の口コミの力を意識した。

だから、宇宙船のような格好をしたお好み焼きのてこ（お好み焼きをひっくり返したり、切ったりする道具）がトットットッとやって来て、「二十一世紀に生きるもの。味覚、感覚！」「キミは何と出合うか」「『千房』！」というだけのまったくのイメージコマーシャルにした。

社内には、「うまい」とか「安い」といわなければ宣伝にならないではないか、という反対意見もあったが、私は見た人が「これ、何やろ？」と興味をもってくれ、巷《ちまた》の話題になればいいと思った。

結果、これがテレビコマーシャルのコンクールで優勝し、特集番組で何回か取り上げられたこともあって評判になり、「千房」の大きな宣伝効果につながったのだった。

「ぬかるみ焼き」誕生のきっかけ

「ぬかるみ焼き」について述べるには、ラジオ大阪の「鶴瓶《つるべ》・新野《しんの》のぬかるみの世界」という番組の話から始めなければならない。

「ぬかるみの世界」というのは、昭和五十三年（一九七八年）四月に始まった落語家の笑《しょう》福亭《ふくてい》鶴瓶さんと放送作家・新野新《しん》さんのトーク番組で、放送時間は毎週日曜日の深夜零時から二時半までの生放送。途中、コマーシャルも音楽もなし。二人が丁々発止《ちょうちょうはっし》、本音で語り合うのがウリだった。

そのころは、田口さんが社内で宣伝してくださったこともあって、ラジオ大阪の関係者が入れかわり立ちかわり「千房」に来店してくれるようになり、鶴瓶さんも新野さんも「千房」のお客さまになっていた。日曜日も深夜まで事務所で仕事をしていた私は、なじみの二人が出ている番組でもあり、毎回楽しみに聴いていた。

その「ぬかるみの世界」が、番組改編で翌五十四年四月から消えそうだという。いかに日曜の深夜番組で売りにくい時間帯とはいえ、局としてもいつまでもスポンサーなしというわけにはいかなかったのだろう。

ラジオ大阪の大島二郎副社長（当時）にお会いしたのはそんなときだった。

当時、ラジオ大阪での「千房」は提供番組もあり、私は田口さんだけでなく、「ぬかる

み の世界」の岩本ディレクター（通称・ガンさん）とも親しくなっており、番組のスタッフにもときどき差し入れをしたりしていた。そういうことが副社長の耳に入っていたのかもしれない。

「中井さん、『ぬかるみの世界』どう思います？」

あいさつの後、副社長はそう聞いてこられた。

「ええ番組やと思います。若者にはとっても大事な番組やと思います」

「ついては、スポンサーになっていただけませんか？」

思わぬ話に私は驚いた。

「えっ、うちが⁉（費用は）どのくらいかかるんですか？」

聞くと、とても私が出せるような金額ではない。

「そんなん、とてもうちには出されません。けども続けるための制作費、どれくらいかかります？」

「月に○○万円ぐらいです」

「ちょっとしんどいけど、何とかしますから。それで番組続けてくれませんか」

そう提案したのは商売心からではなく、一ファンとしてのいわば男気《おとこぎ》からだった。

続行にあたっての打ち合わせのとき、鶴瓶さんと新野さんから「中井社長、コマーシャルはどうします?」と聞かれ、私は「いままでどおり要《い》りません」と答えた。

コマーシャルを入れたのではテンポのいい二人のトークが興《きょう》ざめになる。もともとそのつもりだった。ただ、そのあと、私は一言《ひとこと》だけつけ加えた。

「食べ物の話が出たときに、ついでにちょっとだけ〝『千房』のお好み焼き食べたいなぁ〟というてもらえるとありがたいんやけど……」

そのへんの機微《きび》を察する鋭さは、さすがに鶴瓶さんだった。

「『千房』の中井社長のおかげでこの番組を続けることができました」

といってくれた続行第一回目のとき私がゲスト出演したのを除いて、四月、五月、六月と三カ月間、「千房」の「ち」も口にしなかった鶴瓶さんが、七月の公開録音のとき、冗《じょう》談《だん》のようにして、「キミら、『千房』行って『ぬかるみ焼き』食べたことあるか?」と問いかけたのである。

「千房」には「ぬかるみ焼き」などというメニューはない。事前の打ち合わせもなかった。

「ぬかるみの世界」にひっかけた鶴瓶さん一流のアドリブだった。

「中井社長、どうでっか?『ぬかるみ焼き』つくりませんか」

鶴瓶さんと新野さんから話があったのはその直後だった。

「おもろい。やりましょう!」

「ぬかるみ焼き」誕生当時、「千房」千日前本店を訪れた笑福亭鶴瓶さん

私は即座にその気になった。七五〇円のミックス焼きを「ぬかるみ焼き」といわれたら六〇〇円で出そう。ただしメニューにはのせず、サンプルにも出さない──。「ぬかるみの世界」を聞いた者でないとわからない幻《まぼろし》のメニューとしてスタートしたのだ。

わずか一回きりの紹介だったが、翌月曜には四〇枚の「ぬかるみ焼き」が売れた。

その後これが爆発的にウケて、口コミが口コミを呼び、あっという間に若い人たちのあいだに「千房」の名が知れ渡り、やがて売上げの四割を「ぬかるみ焼き」が占《し》めるようになったのである。

コマーシャルと「口コミ」の関係

この「ぬかるみ焼き」については忘れられない後日談がある。

スポンサーになって三年目、スポンサー料値上げの話があった。

「ぬかるみの世界」のリスナーが増え、大手企業の数社がスポンサーにつき、みんな大きな金額を出してくれる、だから「千房」さんも上げてください、というのである。

〈上げていうたかて、うちはそんなごっついメーカーとちゃうがな〉

私は、それならお互いのためにスポンサーを降りようと思った。

打ち切りの話まで出ていた番組が、「千房」がスポンサーを引き受けたことによって続行できたのではないか。それだけではない。ラジオ大阪屈指《くっし》の人気番組となり、あるときのイベントでは、全国から五〇〇〇人もの若者が集まり、パニックになったこともあった。

〈いいたないけど、だれのおかげでそないになった思てんのや〉

そうもいいたかったが、ラジオ大阪側もそう思っていたにちがいない。

いつまでも「ぬかるみの世界」に頼っているわけにはいかない、という気持ちも私自身の中にあった。流行《はや》れば必ずすたれるときがくる。これはちょうど潮時《しおどき》だということではないか――。

だがスポンサーを降りるということに対しては、従業員はみんな不安げだった。なんといっても「ぬかるみ焼き」は「千房」の幻の看板料理だし、「ぬかるみの世界」とは切っても切れない関係にある。

私はこういって従業員を励ました。

「番組ではもう『ぬかるみ焼き』のことは流れへんけども、お客さまに『千房』の味とサービスは変わらへん、といっていただくことが大事や。契約が切れるまでにはまだ二〜三カ月ある。この間にしっかり足元を固めよう」

ある意味では、そのときが「千房」の本当の力が試されたときかもしれない。

が、スポンサーを降りても売上げは順調だった。もはや番組に頼らなくても、「千房」

の味とサービスはしっかりお客さまのあいだに定着していたのである。
「ぬかるみの世界」は一〇年間続いたが、その後番組は終わった。ここだけの話だが、「ぬかるみ焼き」は幻のメニューとして、いま現在も七五〇円で全国の「千房」で健在である。

コマーシャルは打てばいいというものではない。打てば打つほど逆効果になることもある。

「千房」がラジオコマーシャルを始めたころ、日ごろ何かと私を可愛《かわい》がってくれ、懇意《こんい》にしてくれていたある先輩が、何の話もなく、突然お好み焼き店を出店した。それも「千房」の目と鼻の先に大型店を出したのである。

〈一言ぐらい、あいさつがあってもええようなもんやのに……〉

私はいきなり後ろから鉄砲で撃《う》たれたような気持ちだった。

しかもオープンすると、人気漫才コンビを使ってテレビコマーシャルをバンバン流したのである。そうなれば、もう商売仇《がたき》である。負けるわけにはいかない。

〈どんな店やろ〉

私はすぐに従業員を食べに行かせた。

「社長、大丈夫です。あの店は宣伝すればするほどダメになります」

偵察《ていさつ》から帰ってくるなり、従業員は自信満々でいった。

「味はよくないし、サービスも素人《しろうと》同然です。行ったお客さんが口コミで『あの店は、あかん』といいふらすにきまってますから、必ずだめになります」

お客さんの評価は厳しい。人の口に戸は立てられない。結局、その店は従業員の報告どおり二年もたたないうちに潰《つぶ》れてしまった。

効果的な「口コミ」を引き出す方法

私の拙《つたな》い文章が毎月掲載されていたことから、「『潮』を読んだよ」といって来店されるお客さまが増えている。こんなにありがたいことはない。と同時に、私はこれほど怖いことはないと思っていた。

先日、毎月従業員に送っているメッセージに私はこう書いた。

「月刊誌『潮』連載中。大変ありがたいことですが、半面、大変こわい気もします。たくさんの人たちの口コミがこわいのです。『千房』に興味をもたれ、大きな期待をもって来店されます。『千房』に対する評価基準が高いのです。どうか名実ともに評価されますように」

口コミについては、私には苦笑《にがわら》いの経験がある。

前にもちょっと触れたが、私は三十七歳のとき、大阪府立桃谷高校の通信制に入学した。そのころ、土曜日になると飲みに誘《さそ》ってくれる親友がいた。私も嫌《きら》いなほうではなかったし、それまでは喜んでつきあっていた。しかし通信制に入学すると日曜日にも学校に行かなくてはならない。

あるとき、私は「これからはもう誘わんといて。俺《おれ》、日曜日に行かんならんとこできたから」と断《ことわ》った。すると、親友は「それ、どこや」と聞いてきた。

〈彼なら、大丈夫やろう〉

そう思った私は、思い切って打ち明けた。

「じつは俺、高校に行くねん。でも、続けられるかどうかわからへんから、みんなにいわんといてほしいねん」

「何いうてんねん。信用でけんのかいな」

「いや、おまえやさかい、こうやっていうてるんや……。頼むから、みんなには内緒《ないしょ》にしといてや」

「わかった。だれにもいわへん」

彼は固く約束してくれた。

ところが、それから一週間もたたないうちに、ある友人から「中井さん、学校へ行きはるんですな」といわれたのである。

私はさっそく、親友に電話した。

「おまえ、しゃべったやろ」

すると、彼は悪びれもせずにいうのだった。

「あいつ、しゃべりやなあ」

「しゃべりは、おまえや」

そうなじったものの、私は彼をとがめることができなかった。

〈ああ、そうか。親友には親友がおるんや——〉

これは、裏返せば、どういう口コミがいちばん効果的かということを物語っている。

人間というのは不思議なもので、「みんなには内緒」「あなただけ」「ここだけの話」といわれると、つまりいい意味で他の人と「差別」されると、人にしゃべらずにいられないものなのだ。〈ただし、生死にかかわることは別だが〉

商売でも、「サービス」というのは「差別」である。「千房」では平成十五年の夏、創業三〇周年を記念して、全国どの店でもビール一杯が三〇円で飲めるサービス券をお出しし、秋には全商品三〇パーセントOFFのサービス券をお出しした。ただし、バラまいたわけではない。来店されたお客さまに、次に来られたときに三〇円で飲めるチケットや全商品三〇パーセントOFFのチケットを差し上げたのである。

これは、「ぬかるみ焼き」を「ぬかるみの世界」を知っている人に限って出したのと同じように、「あなただけ」「ここだけの話」であることはいうまでもない。「差別」したほうがインパクトが強く、口コミで広まりやすいからである。

だから私は従業員にメッセージを書くときも、つとめて「みなさん」ではなく、「あなた」という言葉を使うことにしている。

この情報化の時代、PRは欠かせない。それには口コミほど伝播力《でんぱりょく》の強いものはない。しかし平板《へいばん》に、マニュアルどおりにしゃべったのでは事務的としかとられず、相手の心に響かない。

「人を見て法を説《と》け」という。あなたもあなたらしい「人を見た法の説き方」が必ずある。そこにあなたらしい「人間味《あじ》」が満ちあふれるのである。

第六章　修学旅行生にトイレ掃除をさせる理由

トイレ掃除に勝る体験学習はない

中学生の修学旅行というと、かつては名所旧跡巡《めぐ》りのイメージが強かったが、最近では班《はん》別行動の時間をとって体験学習を採《と》り入れる学校が増えている。

わが道頓堀商店会では平成十四年の春、いろいろなお店で一日従業員を体験する〝商人《あきんど》体験〟に愛知県、岐阜県の二校の修学旅行生を受け入れた。

近くの道具屋筋商店街が以前から修学旅行生を受け入れており、私がその千田忠司《せんだただし》理事長さんと親しくさせていただいている関係で、道頓堀商店会でも引き受けてはどうか、という話があったのである。

道頓堀には戎橋《えびすばし》、太左衛門橋《だざえもんばし》、相合橋《あいあうばし》と三つの橋のたもとに公衆トイレがある。修学旅行生受け入れの話があったとき、私の頭に真っ先に浮かんだのは、その公衆トイレの「清掃」ということだった。

修学旅行生になぜトイレ掃除をさせるのか。理由はあとで述べるが、私は自分自身の体験から、「トイレ掃除に勝《まさ》る体験学習はない」と確信していた。

受け入れたのは愛知県N中学校の生徒約三〇人。体験学習は商店会会長である私のミニセミナーから始まった。

「中学時代、私は勉強が大嫌いでした。成績も悪かった」

わが意を得たりとばかり、生徒たちの顔がほころぶ。

「体験には勇気が要《い》ります。小さな勇気の要る体験は小さな体験を生み、大きな勇気の要る体験は感動的な体験を生みます。きょうはみなさんに感動的な体験をしていただきます」

どんな体験が待っているのか、みんな興味津々《きょうみしんしん》で聞いている。滑《すべ》り出しは上々だった。

ところが、話が公衆トイレの清掃に及んだとたんに、ブーイングの声が上がった。

「トイレ掃除なんて、聞いてない」

「なんでそんなこと、させるのか」

でも、先生は何もいわない。私たちにおまかせである。

「いやいや、大丈夫。みなさんにはこの使い捨てのビニール手袋を使っていただきますから、大丈夫」

生徒たちはシブシブついてきた。

手本を示すのは、応援に駆けつけてくれた「大阪・掃除に学ぶ会」のみなさんと、私たち商店会の役員である。生徒の見ている前で、素手《すで》で便器のフタをバーンと開《あ》け、「ここのこの黄色いの、これが何より臭《くさ》いニオイのもとやねん」とか、「ここに手ェ突っ込むのは、ホンマに勇気要るでー」などといいながら、サンドペーパーでゴシゴシ始める。

毎朝、大阪市の清掃員が掃除しているのだが、ホースで水をかけ、棒タワシでシュッシュッとこする程度だから、ニオイのもとになっている奥のほうの黄ばみはとれていない。

「さっきの話にあったでしょう。『大きな勇気の要る体験は感動的な体験を生む』って。ホンマやでー」

初めのうちは嫌《いや》な顔をしていた生徒たちも、私たちの勢いに押されたのか、観念したのか、恐《おそ》るおそる手を出してくる。だが、へっぴり腰だから手に力が入らない。

「そんなんではきれいにならへん。もっと手の先に力を入れて！」

力を入れると、ビニール手袋だから簡単に破れる。破れると汚水《おすい》が入ってくる。とたんに、あわてて手袋を外《はず》す。手袋を外せばもうしめたものである。居直るというか、やけくそになるというか、私たちと同じように真剣に便器に顔を突っ込んでくる。手袋が破れることは初めから計算に入っていたことだった。

さあ、便器をはさみ、生徒たちと向かい合っての共同作業である。

「ここ、この黄色いの、これやねん。ここがあかんねん」

磨《みが》くとみるみるきれいになっていくから、張り合いが出てくる。そうすると、さっきまでのためらいはどこへやら、だんだん奥のほうの汚水が溜《た》まっているところまで手を突っ込んでいく。

「ほら、その横も、その横も」

ようすを見にきた校長先生も、生徒たちの真剣な姿にうたれたのだろう。上着を脱《ぬ》ぎ、腕まくりして作業に加わる。

〈日本の未来はまだまだ明るい〉

教師と生徒が一緒になって便器を磨く姿に、私はそう思ったものである。

大人が手本を示せば子どもは必ず反応する

「日本を美しくする会」という会がある。以前から親しくおつきあいをさせていただいているイエローハットの創業者・鍵山秀三郎《かぎやまひでさぶろう》相談役が代表をされている。

私がトイレの清掃を始めるようになったのは、その支部に前述の「大阪・掃除に学ぶ会」があり、その会長がまた私の親友で、彼から「一度、道頓堀で掃除をさせてくれない

修学旅行生が清掃した太左衛門橋たもとのトイレ

か」という話があったのがきっかけだった。

「それは、ありがたい」

私は、初めは道路や橋を清掃してくれるのだろう、それなら商店会としても私ぐらいはお手伝いしなければ、と軽く考えていた。ところが、始まったのは、のっけから公衆トイレの掃除だった。

私はただただ唖然《あぜん》とし、最後まで手が出なかった。が、みなさんの真剣な姿を見ているうちに、なんともいえない感動が込み上げてきた。

——これは、見ているだけではあかん。こんどは自分も参加しよう。

「私にもやらせてください」

勇気をふるって申し出たのは、その次のある中学校の掃除のときだった。

私にあてがわれたのは、特別に汚れた、とてもきたない便器だった。狭いトイレのなかでその便器と格闘することビッシリ二時間。コテコテに汚れた便器がピカピカになったときのあの充足感は、何にも勝るものだった。

人間、「謙虚《けんきょ》になれ」といわれても、なかなか謙虚になれるものではない。トイレの掃除は理屈抜きに自分を謙虚にしてくれる。よく「心を磨け」というが、まさに自分の汚《けが》れた心が磨かれたような気持ちだった。

トイレ掃除には肩書や学歴は何の役にも立たない。やるかやらないかである。やればやったぶんだけストレートに結果として表れる。こんなわかりやすいことはない。

体験学習の話があったとき、真っ先に公衆トイレの清掃が頭に浮かんだのは、私自身が体験し、その醍醐味《だいごみ》を身をもって知ったからだった。

トイレ掃除のあと、道路や橋の清掃が終わると、いよいよ各お店に分かれ、ユニフォームを着ての「商人体験」である。通りに立ってお客さんを呼び込む姿に、道行く人がほほえみを浮かべながら振り返る。

そして、修了証書の授与。道頓堀にはグリコの大きな看板がある。修了証書とともに、グリコさんに提供していただいた菓子袋や、「くいだおれ」「カニ道楽」などの道頓堀グッズ、トイレの清掃をしている一人ひとりのスナップ写真を記念に渡すと、そのたびに大きな拍手が何度も起きる。

後日、生徒たちから寄せられた感想文が感動的だった。

「いちばん心に残っていることはトイレ掃除です。正直、トイレ掃除なんて嫌だなと思いました。でも、やっていくうちに慣れてきて楽しくなってきました。大阪のトイレを掃除することができて、私はとっても幸せです！」

「初めは逃げ出したいという気持ちもあったけれども、いまとなっては自慢できる体験です」

「商店街の人が戸惑《とまど》うことなくトイレ掃除をしている姿を見て、こういう人間になりたいと思いました」

「いまの子どもは……」とよくいうが、大人が手本を示せば、子どもたちは必ず反応するものなのである。

引率《いんそつ》の先生からも商店会事務局宛《あ》てに丁重《ていちょう》な礼状をいただいた。

「今回は大阪で体験学習をさせていただいてとてもよかったと感じています。とりわけ道頓堀商店会さんのお店で体験学習をさせていただいた生徒たちにとっては、『人間と人間のつながりは心のこもったあいさつと笑顔《えがお》から始まる』という、学校全体で生徒に指導している生活習慣の基本を押さえていただき、また生徒をお客さん扱いせず、まずトイレ清掃から体験させていただけたことが、大きな感動や学習する喜びにつながったと感じています」

人間としての基本を教えることが大事

先日、荒れた中学校を立てなおしていることで知られるある中学校の校長先生にある会で講演していただいた。

校長先生が取り組んだのは、まずあいさつの励行《れいこう》だった。ふつう、あいさつというと、部下が上司に、生徒が先生にと考えがちだが、先生がいわれるには、あいさつには上下はない、上司からでも先生からでも、気がついたらすぐに大きな声であいさつをすることだという。

いい例が母親である。子どもが「おはよう」といわなくても、母親のほうから「おはよう」と声をかける。校長先生は自分のほうから声をかけ続けた。その結果、いまでは生徒のほうからあいさつするようになったという。

「朝のあいさつでその日が決まる。あいさつは先にしたほうが勝ちだ」

この校長先生の持論だそうである。

私は昔、丁稚奉公《でっちぼうこう》をしていたときに、「オッス」といって番頭さんにひどく叱《しか》られたことがある。

うちが乾物屋《かんぶつや》、隣が漬物屋《つけものや》、向かいが魚屋で、魚屋の人が「オッス、オッス」といっていたのを聞いて、この界隈《かいわい》ではそうあいさつするものだと思い込んでいた。

ところが、私の先輩の番頭さんは「相手が『オッス』といおうが何といおうが、『おはようございます』といいなさい」と教えてくれた。私はそのとおり素直に実行した。

「マーちゃん、オッス」

「おはようございます」

初めのうちは「おまえ、いまなんていうた？」と笑われたが、それを続けていくうちに、ほかの人には「オッス」という魚屋の人が、いつの間にか私に対しては「おはようございます」というようになったのである。

校長先生が次に徹底したのは、脱いだ靴《くつ》をきちんと靴箱に入れさせることだった。

生徒たちが運動場から上がってくると、脱ぎ散らかした運動靴が散乱している。先生は、それをコツコツ、コツコツ、一足一足、靴箱に入れ続けた。すると、だんだん散らからなくなり、みんなが自分の靴をきちんと靴箱に入れるようになったとき、心もそろってきたという。

——大事なのは、やはり人間としての基本を教えることなのだ。

人間の可能性は無限、だれでもみな伸びる！

「千房《ちぼー》」では中卒の子どもを採用しているということで、不登校の子どもについて相談を受けることがある。

私の経験からいうと、学校に行きたくない、就職したいという子どもに共通していえるのは、いろいろな事情はあるとしても、一つには学校に行くことの重要性を理解していな

丁稚奉公時代の著者（昭和39年８月）

いこと、そして自分のことしか考えていないことである。

そういう子どもには、私はこんな話をしている。

「キミ、世の中なめてるのとちゃうか。学校やからこそ、親が心配して『学校へ行きなさい』とか、先生が『出てきなさい』とかいうてくれるけども、社会はそんなんちゃうで。会社は『休ませてください』いうたら、『どうぞどうぞ。ほんなら、ずっと休んどいてください。もう出てきてもらわんでもよろしい』っていわれるんやで」

「僕がしゃべっている以上に、親がしゃべってくれていることのほうが、もっとキミの役に立っているはずや。でも、キミの聞き方がちゃう。僕が話しているときは、キミ、真剣に聞いてるやんか。親が話しているときは真剣に聞いてへん。そこに問題があるんねん。僕以上に親のほうが立派な話してはるんやで」

「就職なら、受け皿はなんぼでもある。でも、社会に出てがんばろうと思う勇気があるんやったら、その勇気で学校に行ってみたらどうや」

私自身の体験も話して聞かせる。

私は中学を卒業してすぐに丁稚奉公に出たが、じつは三十七歳のときに高校に行った。

きっかけは、息子が中学受験に失敗したとき、家庭教師の先生から、「中井さん、お宅の息子さんはお父さんの背中を見て育っています。『オヤジは中卒でも社長になっている。

学歴なんかクソくらえや』と思っているから、いくら勉強しろといってもきかないんです」

といわれたことだった。

そうか、息子は私の背中をじっと見ているのか。よし、もう一回、自分に枷《かせ》をかけよう
——そう決意して、大阪府立桃谷《ももだに》高校の通信制に入学したのである。

通信制といっても、週に四回スクーリングがある。レポートも出さなければならない。

「千房」は全国展開の真っ最中で、時間はいくらあっても足りない。私は途中で何度もやめようと思った。いつやめても、だれもとがめはしない。しかしそのたびに家庭教師の先生の言葉を思い出し、歯を食いしばってがんばった。

それから四年。四十歳で卒業証書を手にしたときのうれしさはいまでも忘れられない。

「人生は順番やで。将来、奥さんもろうて、子どもができたとき、子どもはキミと同じことをキッチリやるで。それでええのんか」

私自身、身をもって痛感したことである。そういうと、たいていの子どもはハッとしたような顔をする。

「いま学校に行きたくなかったら、歳《とし》とってから行ったらいい。せやけど、あとから行く勇気があるんやったら、いま行っといたほうがいい。何カ月か行ってみて、どうしてもあかんかったら、いつでも『千房』で迎えてあげる。でも、いまの気持ちでうちにキミを迎

えたかて、社会はもっともっと厳しいから、すぐに働くのもいやになると思うで」

これまでの経験では、その後「採用してください」といってきた子どもは一人もいない。

このような子どもたちと話をするとき、私は常にその子どもの「可能性」を見つめながら話をしている。

人間はだれでも大きな可能性を秘《ひ》めている。それは時として、親でさえ想像することのできない大きな可能性なのだ。私が「千房」の全国展開真っただ中のあるとき、さりげなく母親にたずねたことがあった。

「お母ちゃん、僕がこうなるなんて、昔、考えられたか？」

すると母は胸を張り、自信たっぷりにこう答えた。

「政嗣《まさつぐ》、お前には悪いけどな、正直いうてお母ちゃん、お前がこないになるなんて、ほんまに全然考えてへんかったわ」

それを聞いたときに、私は自信を持った。私のことをだれよりも知っている親ですら、人の成長は予測できないものなのか。そう思ったときに、「人間の可能性は無限や。人間ってだれでもみな伸びる可能性があるんや」と確信できたのだ。

「人間ってだれでも伸びる可能性がある」——そういう視線で、子どもたちと日々接していくなかにこそ、「人を育てる」という大切な要素があるのではないかと思うのだ。

第七章　「非行少年」引き受けます

札つきの非行少年を社員として採用

「千房」では、中卒の社員を積極的に採用していた時期があった。理由ははっきりしている。私が中学を卒業してすぐに丁稚奉公に出たからである。

二〇年ほど前のこと、ある中学校の先生から「卒業を二〇日後にひかえた生徒です。採用していただけませんか」という話があった。

聞くと、家庭内暴力から始まって、学校の机を壊《こわ》すわ、窓ガラスを割るわ、窃盗《せっとう》をはたらくわで札《ふだ》つきのワルだという。その生徒が卒業を前にまた問題を起こし、このままでは少年鑑別所《かんべつしょ》に送られる。きちんと就職すれば鑑別所送りは免《まぬが》れるということで、担任の先生が一生懸命に就職先を探していたのだった。

私は「とんでもない。うちは更生施設《こうせいしせつ》じゃない」と思った。しかしある人を介した話でもあり、人事部が面接だけはしてみることにした。

結果は案《あん》の定《じょう》「不採用」だった。ろくにあいさつもしない。何を聞いても答えない。お話にならないという。ただ、すぐに断るのも気が引けたので、二、三日たってから断りの電話を入れようと思っていた。

ところがその先生が「いかがですか、採用の見込みはありますか？」と何度も電話してこられ、「一度、社長さんが会ってやってくれませんか。夜中でもいつでもけっこうですから、連絡をいただきたいのですが」といわれるのである。

私は先生の熱意に負けて面接することにした。

その日、M君は先生と二人でやってきた。会ってみると、なるほどふてくされている。椅子《いす》の背にもたれ、足を投げ出して、どちらが社長だかわからない。私は見かねて注意した。

「キミと僕はまだ社長でも社員でもない。だけど僕のほうが年上や。年上には年上に対する態度というものがある。ちゃんと座りなさい！」

彼はびっくりして姿勢を正した。

「キミ、シンナー吸うてんのか？」

「……」

「吸うてるからいうて、採用するしないに関係あらへん。正直にいいなさい。シンナー吸うてんのか?」

「吸うてる」

「いつ吸うた?」

「ゆうべ」

やがて、どうせ不採用に決まっていると肚《はら》をくくったのか、彼は手柄話《てがらばなし》でもするかのように自分のワルぶりを語り始めた。

「なんで、そんななったん?」「なんで?」「いつから?」。

そのうちに、私は彼をとがめることができなくなった。家庭環境に恵《めぐ》まれず、物心《ものごころ》ついたときから彼の心はすさんでいた。

聞き終わって、私はいった。

「ようがんばったな。ようここまでで止まったな。よっしゃ、うちにおいで。採用や」

面接を始めて五時間がたっていた。

善は急げである。このまま大阪に置いておいたのでは彼のためにならないと思った私は、彼の目の前で静岡の店長に電話を入れた。

「いま非行少年を一人採用した。明日《あす》、そちらに行くからよろしく」

卒業までにはまだ日があるが、彼については、すぐに職に就《つ》いてもいい、という許可が校長先生から出ているということだった。

翌日、彼がちゃんと働き始めたかどうか気になっていた私は、閉店時間を見計《みはか》らって店長を電話口に呼び出した。

「M君どうや？」

「社長、どうもこうもないです。もうむちゃくちゃです」

「何があったん？」

ユニフォームに着替えさせて調理場に入れたものの、何をいっても返事をしない。「返事をしろ！」といったとたんに冷蔵庫をバーンと蹴飛《けと》ばし、まな板の上の包丁《ほうちょう》を握りしめたという。

「みんなビビッてしまい、仕事になりません。社長、お願いです。すぐにMを大阪に連れ戻してください！」

店長の声は悲鳴に近かった。

「まあ、そう興奮《こうふん》せんと」

ひとまず落ち着かせてから、私はいった。

「店長、キミが青森から出てきた十五歳のときのこと、覚《おぼ》えてるか」

「俺《おれ》は、新大阪まで迎えに行ったな。キミ、お母さんと姉ちゃんに連れられてきた。あのとき、ほんまに小さかった。家に連れて帰ってユニフォームを着せたら、ＳＳでもダブダブやった。でもその姿を見ながら、お母さん、『よう似合うわ』って泣いてはったな。俺はそのとき、そんな体の小さなキミを一人前にする自信はなかった。『帰りの旅費も払うから、このまま連れて帰ってください』と喉元《のどもと》まで言葉が出かかってた。でも、自分の十五歳のときのことを思い出したんや」

私が中学を卒業して丁稚奉公に出た日、私の横で父が頭を畳《たたみ》にこすりつけて、

「こいつは田舎者《いなかもの》ですが、どうか一人前の商売人にしてやってください。よろしくお願いします」

と一生懸命に頼んでくれた。その光景はいまでも目に焼きついている。

帰っていく父を、私は涙をこらえながら四つ角まで見送った。

「政嗣、元気でな」

父はそういうと、二、三度心配そうに振り返りながら、人ごみのなかに消えていった。

それが、私が父の姿を見た最後だった。父はその年の秋に病気で亡《な》くなったのである。

「そのときのことを思い出しながら、いま追い返したらあかんと思った。キミ、十五歳のときのことを忘れたんか。ほかの店長もいっぱいいてるけども、キミやったら彼のことを理解できると思って、あえてキミに頼んだんや。キミが大阪に出てきた十五歳のとき

とや、忘れたんやったら、M君をあずけた意味がない。大阪に連れ戻そう」

店長は黙って聞いていた。

「俺は従業員の過去を問うたことはない。学業成績も問うたことないし、身元保証人をとったこともない。俺は現在と未来を問うねん。M君にしても、いままでのことはすべて過去やねん。根はほんまにまじめなええ子や。キミかて一緒やった。自分の十五歳、ほんまに忘れたんか」

もう一度だめを押すと、彼は口を開いた。

「社長、申し訳ありません。わかりました。もう一回、やってみます」

「ようういうてくれた。ありがとう。一つだけお願いする。二〇日後の卒業式までに『変わったな』といわれるようにしてほしい。頼む」

それから二〇日間、気にはなっていたが、店長を信頼し、ようすを聞くことはあえてしなかった。

卒業式の前の晩、M君は大阪に帰ってきた。

「ただいま静岡から帰ってきました！」

はつらつとした声だった。顔つきも穏《おだ》やかな相になっていた。

「M君、変わったなー。よう帰ってきた。疲れたやろ。今晩はうちでゆっくり休みなさ

丁稚奉公に出る著者をだれよりも心配したという父親との思い出の一枚

い」

ほとんど自分の家に帰ったことのない彼である。その晩は私の家に泊め、翌日の卒業式には私も保護者として出席するつもりだった。

そういうと、彼は涙をこぼしながらいった。

「ありがとうございます。でも、きょうは家に帰らしてください」

「帰らしてくださいいうたかて、キミ、日ごろ家に帰ってへんやんか」

「でも、きょうだけは帰らしてください。お母ちゃんが待ってます」

突っ張っているように見えても、母親に会いたかったのだろう。その夜、彼は自宅へ帰って行った。

翌日、私は礼服を着て、保護者席のいちばん後ろで卒業式を見守った。次々に卒業生の名前が呼び上げられる。M君の番がきた。

「はい！」

彼はだれよりも大きな声で返事をすると、さっそうと立ち上がり、壇上に上がった。会場はどよめいた。

「卒業証書、〇〇〇〇、以下同文」

彼は校長先生に向かって高々と卒業証書を掲《かか》げ、深々と頭を下げた。

ほかの生徒はそのまま壇を降りてくるのだが、彼は違った。回れ右をすると、両側の先生、そして卒業生、在校生、保護者全員に向かってもう一度卒業証書を掲げ、再び深々と頭を下げたのである。どよめきが拍手に変わった。

「ようがんばったなあ」

私はこれまでのM君の生きてきた人生のことを思うと、涙がポロポロ出てくるのを抑《おさ》えることができなかった。

式典終了後、彼は私の姿を見つけると、飛んできた。

「社長、校長先生に会ってください」

私は喜んで承知した。

「M君、よかったなあ、きょうは」

校長室へ行く途中、何人もの先生が声をかけてきた。先生方の目も真っ赤だった。採用面接のとき、彼は先生を何人も殴《なぐ》ったといっていた。このなかには殴られたことのある先生もいたにちがいない。

帰り道、私は彼にいった。

「M君、よかったなあ。あの先生方の涙、絶対に忘れたらあかんでー」

リーダーの仕事は環境づくりにある

しかし、そうした晴れ姿を見せながらも、彼はその後三回も店を逃げ出した。一回目、二回目は、店長や私が捜《さが》し出し連れ戻した。しかし三回目。店長から「また脱走しました」という連絡があったとき、私は「もう甘やかすまい」と心に決めた。

「もう捜さなくていい。みんなに迷惑をかけて申し訳なかった。彼のことは私にまかせてくれ」

居場所については見当がついていた。数日後、私は彼に電話した。

「M君か。安心しろ、もう呼び戻しには行かへんから。キミにしてあげられることは全部してきた。だからもう連れ戻さない。ただし、もう一回だけチャンスを与える。もう一度、本気でやってみようと思うなら、私を訪ねてきなさい。その気がないのなら、もう二度とキミと会うことはないやろ。以上、元気でな」

ガチャンと電話を切ったとき、私の胸にはいいようのない寂寥感《せきりょうかん》が残った。

その彼が、泣きながら戻ってきたのはそれから一〇日ほどたったころだった。

「よう戻ってきたな！」

うれしさに、私は思わず叫んだ。そして確信した。こんどは自分の意思で戻ってきたのだから、もう大丈夫だ――。

その後、彼は見違えるように成長していった。四年目に主任の辞令がおりたとき、私は辞令を持って静岡まで行った。

――調理主任を命ず。

従業員全員の前で辞令を渡すと、彼は涙を流しながら、

「社長、ありがとうございました」

と頭を下げた。

「最近、どうや？」

「おかげさまで当たり前の考え方ができるようになりました」

大きな大きな言葉だった。

それから一〇年、彼は店長になり、マネージャーになったあと、「税理士になりたい」といって税理士事務所に転職していった。店長になれば数字を扱うようになる。数字を扱ってみて、一から勉強しなおしたくなったのだろう。

人間、素直になれば変わるものである。また、素直でなければ変われないものである。リーダーの仕事は素直になれる環境をつくってあげることである。やれ落ちこぼれだ、突っ張りだ、と烙印《らくいん》を押すことではない。人間の可能性は無限なのだから――。

尊敬と信頼が若者の無限の力を引き出す

もう一人、私が忘れられない人物がT君だ。仙台の社員寮でT君のアルバムを見せてもらったとき、鉢巻《はちまき》を締めてオートバイにまたがり、長い棒を手にした少年の写真があった。

「これ、だれ？」

「私です」

「キミ、暴走族やったんかいな」

うわさを聞いたことはあったが、写真を見るまで忘れていた。当時、T君は入社六年目、仙台の店の主任だった。そのころ仙台にもう一店出す計画があり、彼は新しい店の店長に内定していた。いよいよ店長だ、ということで本人も張り切っていた。

ところが、体調がどうもおかしい。開店してからでは休めないので精密検査を受けると、心臓が悪く、手術しなければならないということだった。彼は郷里の茨城の病院に入院した。手術と同時に新しい店の内装工事が始まった。手術後もT君の思いは店から離れなかった。

何度目かの見舞いのとき、看護婦さんに日ごろお世話になっていることに対してお礼をいうと、こういわれた。

「社長さん、最近、T君のようすがおかしいんです」

「どこが、ですか？」

「少しでも体調がいいと、ベランダに出て叫んでいるんです。ありがとうございます、いらっしゃいませ、またどうぞおこしください、と」

現場に復帰したときに声が出ないといけないといって練習しているのだという。それほどまでに店のことを思ってくれているのか。そのいじらしさ、ひたむきさに私は胸が熱くなった。私はT君を励ます意味も込めて、辞令を持って見舞った。

——一番町店店長を命ず。

ベッドの前で辞令を渡すと、彼は「ありがとうございます」といってしっかりと受け取った。

その後、T君の父親から丁重《ていちょう》な手紙をいただいた。息子が店長の辞令をもらって喜んでいたこと、懸命に闘病生活を続けていることなどがこまごまと記され、ベランダでのことも書かれていた。もし開店までに退院できなかったら、迷惑をかけるから別の人を店長にお願いしたい、とも認《したた》められていた。

しかし私にはその気はなかった。

〈開店に間に合わなくても、一番町店の店長はT君や〉

そのうちに店がオープンした。店長不在のままである。それでも、店長が戻ってきたときに店が立派に運営されているようにと、主任を中心にみんなでがんばってくれた。だが、T君が店長として店に立つことはなかった。半年後に二十四歳の若さで亡くなったのである。

通夜の晩、役員、従業員総出でお悔《く》やみにうかがったとき、一晩、父親からありし日の彼の話を聞いた。

高校生のころ、一晩中オートバイを乗り回していたという話も聞いた。

私はT君の大阪での勤務ぶり、仙台での活躍を話した。私の話を父親は食い入るように聞いていた。

「そうか、そんな立派な息子になっていたのか。暴走族だったあの息子が店長にまでなるなんて、最初は信じられなかった。亡くなって残念だけれども、立派に立ちなおってくれたことが何よりうれしい」

父親は遠い目をしてそういった。どこか安堵《あんど》されたような表情に、T君の可能性を信じ、彼を採用してよかったと私は心から思った。

幻《まぼろし》の店長だったが、亡くなるまで店を思い続けたT君の熱意は全従業員の胸を打ち、いまでも私たちの心のなかで生き続けている。

人間、信頼すれば必ず応《こた》えてくれるものである。教育も、「よくなってもらいたい。だ

会社の運動会にて（平成元年）

から教育しなければならない」というのと、「よくなってもらいたい。だからどんなことでも応援するで」というのでは全然違う。

人間は生まれてきたときはみな、無垢《むく》の原木《げんぼく》である。環境に恵まれればすくすく育ち、恵まれなければ虫が食っていく。無垢な原木からじゃまなものをどう取り除いていくか。私も彼らとともに学んできた。それが本当の「共育（＝教育）」というものではないかと思うのだ。

そして、忘れてはならないのが、「人間はだれでも無限の可能性を持ってるんや」という視点である。敬愛と信頼をもった視点で若者に接したとき、彼らは思いもよらない「無限の力」を発揮し、自分自身で変わり伸びていくのだ。

過去と他人は変えられない。しかし、未来と自分は変えられる。M君やT君のように——。

第八章　人づきあいの秘訣は「誠意」につきる

三〇〇〇万円の融資が無担保だった理由

中学を卒業してすぐに丁稚奉公に出た私には、学歴はもちろん、親の七光りも財産も才能もなかった。その私がここまでこれたのは、ひとえに多くの方々に目をかけていただいたからだった。

私は年上の方に声をかけてもらうと「親や兄がいってくれている」と受け止め、指導を忠実に実行してきた。声をかけてくださる人はどんどん増えて、いまでは私の住所録には諸先輩方の名が二〇〇〇人も記されている。

奉公に出たとき、私は十五歳。風呂敷包み一つを小脇《こわき》に抱え、不安いっぱいで父のあとをついて行った。

途中、父は何度もいった。

「政嗣《まさつぐ》、一年間、どんなことがあっても泣いて家に帰ってきたらアカンで。辛抱《しんぼう》するんやぞ」

辛抱するんやぞ――。その年の秋、病気で亡くなった父のこの言葉を、私はたえず自分にいいきかせてきた。

母は、いつもこういっていた。

「政嗣、おまえは田舎者《いなかもの》やから、ええカッコせんでもいい。見栄《みえ》をはらんでもいい。素朴《そぼく》に生きるんやでー」

「番頭さんに可愛《かわい》がってもらわなあかんよ。大将《たいしょう》（店主）に好かれる人間にならなあかんで。そのためには素直になりや」

素朴に生きや、素直になりや――。この母の言葉も座右《ざゆう》の銘《めい》にしてきた。

父を亡くした私は一日も早く独立したかった。そのためにはお金を貯《た》めなければならない。どうしたらお金が貯まるのか。それを教えてくれたのが兄だった。

「お金、貯めるコツは簡単やで。お金は使わんかったら貯まるんや」

兄からいわれたことはもう一つ、「金銭出納帳《すいとうちょう》をつけろ」ということだった。学校時代、絵日記さえろくにつけたことのない私だったが、これもいわれたとおり、道で五円拾《ひろ》った、一〇円拾ったと、そんなことまで克明に記録した。

二十二歳のとき、「保証金、敷金ナシ、そのかわり家主が必要なときはいつでも無条件

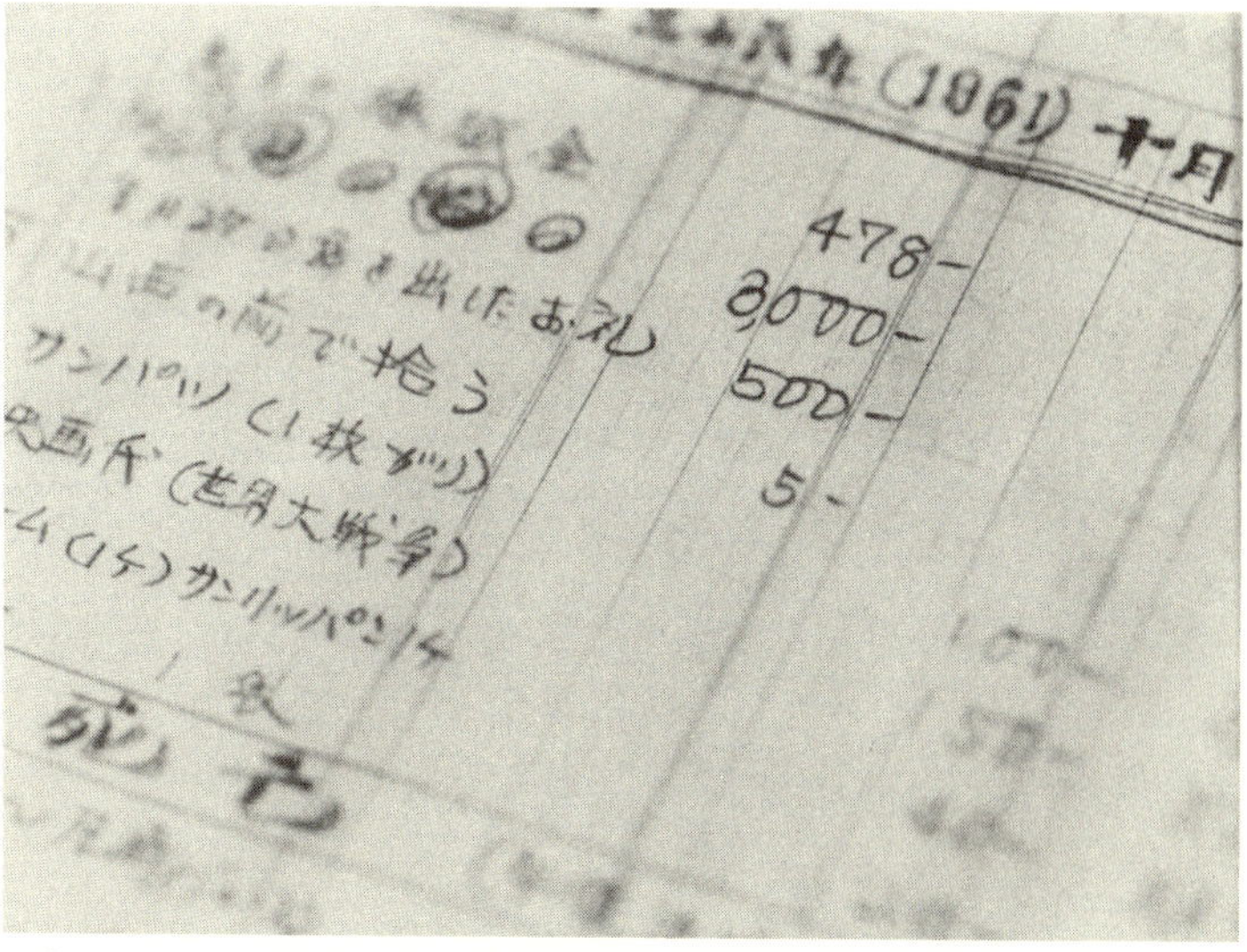

15歳のときからつけている「金銭出納帳」。写真は昭和36年10月のもの

で出て行く」という条件で、私は年配の夫婦がやっていたお好み焼き屋を引き継《つ》いだ。場所は大阪・長居《ながい》。昭和四十二年（一九六七年）だった。

「中井さん、わるいけど、年内いっぱいでお店を明け渡してもらいたいんや」

そういわれたのは、それから六年たった昭和四十八年（一九七三年）十月十日、奇《く》しくも父の命日だった。私には妻と二人の子どもがいた。しかも貯金はわずか八〇万円。約束とはいえ、あと二カ月足らずで出ていかなければならない。といって、身内に迷惑をかけるわけにはいかない。相談できるところといえば、小さな小さな取引があった三福《さんぷく》信用組合だけだった。

「中井君、店を探しなさい。応援してあげる」

たまたま在席していた佐藤龍治《たつじ》理事長さんは快《こころよ》くそういってくれた。まさに「地獄で仏」であった。

それから物件探しに奔走《ほんそう》していた私は、自らがビルのオーナーだという千日前《せんにちまえ》の不動産屋に、保証金・敷金、内装・設備を含めて総投下資本三五〇〇万円で、約三五坪の物件を貸してもらえる話がついた。私は信用組合に飛んで行った。

「理事長、物件が見つかりました。融資してください」

「借金は少ないほうがいい。まず五〇〇万円値切ってきなさい」

私は理事長にいわれるままに値切りに行った。

こうして八〇万円の預金しかない私に、その信用組合が三〇〇〇万円全額を無担保で融資してくれたのである。

二年ほどたって、店が軌道に乗り始めたころ、理事長が食事に誘《さそ》ってくれた。

「中井君、創業当時のこと、覚えてるか」

「はい、忘れもしません。担保もなしで……」

「いや、そのことや。じつは大きな担保があったんや」

理事長は、そのときはじめて、なぜ三〇〇〇万円もの大金を無担保で貸してくれたのか、理由を明かしてくれたのである。

「キミが出前に出てるときに、長居の店を訪ねたことがある。そのとき、奥さんからキミの丁稚奉公のときの話を詳しく聞いた。金銭出納帳も見せてもらった。五円拾った、一〇円拾った、そんなことまで書いてあった。それを思い出して、どんな担保よりすごい裏づけがあると思ったんや」

その店が、いまの「千房」千日前本店である。この信用組合がなかったら、佐藤理事長さんがいなかったら、そして、諸先輩の助言を忠実に実行していなかったら、いまの私はなかった。私は「信用を勝ち取る」ことの大切さを学んだのである。

「おばちゃん」との橋の上での出会い

「信用」といえば、もう二〇年も前のことになるが、ある経営者団体の講演会で「オコモさん」（関西で使われるものもらいをさす言葉）に講演してもらったことがある。

ちょうどそのころ、道頓堀の太左衛門橋《だざえもんばし》の上にいつもいるおばちゃんのオコモさんが、「別荘をもっていて、外車に乗っているらしい」ということで噂《うわさ》になっていたので、私が役員をしている経営者団体の講演会で、そのおばちゃんに講演してもらったらどうかと提案したのである。が、そのときは賛否両論あって、その話は流れてしまった。

ところが、しばらくたって、ある支部の役員から、自分のところの講演会にそのおばちゃんを呼びたい、交渉してくれないか、と頼まれたのである。

「じゃあ、やってみましょう」

私はさっそく、おばちゃんのところに出かけて行った。

見ると、缶《かん》の中には十円玉がほとんどで、あとは百円硬貨がパラパラあるだけだった。

千円札を入れると、彼女は驚いて礼をいった。

「私、中井といいます」

名前を聞くと、「ヨシエ」だという。その日はそれで帰り、二日後、私はまた出かけて行った。

「ヨシエちゃん、中井です」

「あっ、中井さん」

また千円札を入れ、こんどは横に座って話しかけた。

「いつごろから座ってはるのん？」

「六年前」

「ああ、そう。お歳《とし》は？」

「六十八」

「出身はどこ？」

「西区新町」

「それはそうと、別荘もってて外車に乗ってるってほんま？」

「別荘は琵琶湖《びわこ》の畔《ほとり》にもってるよ」

こうして半月ほどのあいだに足を運ぶこと七回。七回目のときに、

「いままで私に教えてくれたこと、どっかで話したことある？」

と聞くと、

「そんなん、あらへん」

という。

「いままで僕にしてくれた話、経営者の会なんやけども、そこで話してくれはらへんかな」

「よっしゃ、かまへんよ」

そのころにはすっかり仲よくなっていて、身の上話をほとんど聞いていた私は、彼女が生きてきた波瀾万丈《はらんばんじょう》の感動的な人生に、講演会の大成功を確信していた。

とはいえ、講演会当日、私はおばちゃんが本当にきてくれるのか、不安でしかたがなかった。待ち合わせの場所は、おばちゃんの〝仕事場〟である太左衛門橋の上。さあ、約束の時間になった。すると、橋の上に立っている私をめざして、一人の上品なご婦人が歩いてくる。よく見ると、そのご婦人がおばちゃんだった。

頭はきれいにパーマをかけ、ドレスを身にまとい、手にはハンドバッグ、腕時計までしている。

「ヨシエちゃん?」

「あっ、中井さん、お待たせ」

「どうしはったんですか、えらい見違えたわ」

「いやな、中井さんに恥《はじ》かかしたらあかん思うて。パーマも初めて行ってきてん。時間遅れたらあかんさかい、時計も買うてきてんで」

そんなことがあって、私たちは会場に向かった。この件が事前にある新聞に報道されたこともあって、会場はいつもは二〇～三〇人しか集まらないのに一七〇人も集まり、超満員の大盛況。マスコミの取材も入っていた。おばちゃんは席につき、私は司会進行役ということでおばちゃんの横に座った。

「みなさん、きょうの話は好奇心で聞かないでください。学ぶべき点はたくさんあると思います」

私のこの言葉で、講演が始まった。

外見や先入観で人を判断してはいけない

「じつは私は西区新町でええとこの娘に生まれました。『三駕《さんが》の荷《に》』（クルマ三台の荷物）といわれるほどの嫁《よめ》入り道具を持って嫁に行ったのですが、ところがダンナが大酒飲みのぐうたらで……」

参加者を前に、彼女はこう切り出した。

昔の女学校を卒業し、娘時代は一流会社に勤めたが、夫がそんな状態で、そのうえ三十二歳のときに産んだ子どもが重度の脳性小児麻痺《しょうにまひ》だった。終戦と前後して家が没落し、両親は死亡。まもなく夫も病気で亡くなってしまう。頼れる人がだれもいなくなった彼女は、障害を抱《かか》えた子どもを育てるために懸命に働いた。けれども歳とともにだんだん働く場所がなくなり、オコモさんにならざるをえなかった。

そして彼女は、人通りの多い道頓堀の太左衛門橋に座ろうと思って、座った。すると、すぐに橋のたもとにあるマンモス交番からお巡《まわ》りさんが飛んできた。

「おばちゃん、こんなとこに座ったらあかん！　すぐどきなさい」

しぶしぶどくのだが、この場所にはおばちゃんも未練がある。そこでおばちゃんは、派《は》出所《しゅつじょ》に入っていって、こういった。

「お巡りさん、すんません。箒《ほうき》と塵《ちり》取《と》り貸してください」

「何すんの？」

「橋、掃除するんです」

それから、また明くる日も、その次の日も箒と塵取りを借り続けた。一カ月くらい掃除を続けて、お巡りさんの〝信用〟を勝ち取ったおばちゃんは、橋の上に堂々と茣蓙《ござ》を敷いて座った。またすぐにお巡りさんがきた。

「ヨシエちゃんかいな。しゃあないな」

それからもおばちゃんは、座り始める前と終わったあとも、掃除はずっと欠かさなかっ

「おばちゃん」の〝仕事場〟だった道頓堀の太左衛門橋

た。

座っていると、不意に雨に降られることもある。あわててアーケード街になっている千日前まで飛んでいって、そこに座った。人通りは変わらないのに、トンと入らない。そこでおばちゃんは「やっぱり同じところに座っとかなあかん」と思って、雨の中、もとの場所に戻る。するとバンバン入る。おばちゃんはあらためて思ったという。

「何事も信用が大事や、とくに商売は信用第一や」

そんなある日、子どもから「お母ちゃんとこの会社、給料、えらい小銭《こぜに》で払うんやな」といわれ、「そうや、うちの会社は給料、小銭で払うねん」とごまかしたこともあった。

その子どもも三十五歳で亡くなるのだが、亡くなる一週間前、彼女の手をギュッと握りしめてこういったという。

「お母ちゃん、ごめんな。僕、お母ちゃんのやってる仕事何か、ホンマはずっと前から知っててん。迷惑かけたな。すまなんだな。ほんまにごめんな」

彼女の顔は、涙でクシャクシャになっていた。

「私はこの子を何よりの生きがいにしてきた。『この子のために』という使命感で生きてきた。その子どもは亡くなってしまった。でも、全国にはたくさんの恵まれない子どもがいる。じゃあ、そういう子どもたちのためにと思って、コツコツお金を貯めて募金に参加してきた。人間、使命感を持たなあかん……」

約二時間、彼女の話が終わったとき、拍手が鳴りやまなかった。

後日、講演会を聞いて感動した参加者が、飲んだ帰りにおばちゃんの〝仕事場〟を訪ねていった。夜中の一時を少し過ぎ、ちょうどおばちゃんが橋を掃除しているときだった。

「おばちゃん、このあいだの話よかったで」

そういって財布から千円を出しかけたら、おばちゃんはこういったという。

「すんません。きょう、もう〝店〟閉《し》めたんです」

「そうか、ほな、また〝店〟開《あ》いてるときくるわ」

私たちはよく、「あの人はいい人だ」とか「悪い人だ」と外見や先入観で人を見る。しかし人間はみんないいものも悪いものも持っている。こちらの物差《ものさ》しで「いい人」だと思って見れば「いい人」で、「悪い人」だと思って見れば「悪い人」になる。であれば、「いい人」という物差しで見たほうが、人づきあいは楽しくなるし、その人の本当のよさも見えてくるのではなかろうか。

書家の相田《あいだ》みつをさんにこういうすばらしい言葉がある。

「――美しいものを美しいと思える、あなたの心が美しい」

まさに、そのとおりだと思う。

一通の礼状が人との絆を深く太くする

三笠宮《みかさのみや》寛仁《ともひと》親王殿下に講演していただいたこともある。

平成七年、大阪外食産業協会の一五周年記念式典・祝賀会の実行委員長をおおせつかった私は、ふだんなら話を聞けないような人を記念特別講師に招《まね》きたいと思い、打ち合わせのとき、殿下のお名前を口にした。みんなは本気にしなかった。

「そんな、むちゃな。何かコネがあるんですか」

「ちょっとある。ひょっとしたら、ひょっとするかもわからへん」

私は即座に宮内庁《くないちょう》の事務官に電話を入れた。

じつは私は視覚障害文化振興協会という社会福祉法人の評議員になっていて、その一年ほど前に点訳絵本の一〇周年の記念祝賀会があり、主催者側の一人として、協会にかかわっておられた殿下と席を同じくしたことがあった。

祝賀会のあと、殿下と事務官にお礼状を書き、その後も何度か事務官と手紙のやりとりをさせていただいていた。殿下からサイン入りの本を賜《たまわ》ったこともあった。そんな関係で宮内庁に電話することができたのである。

「〇月〇日なのですが、殿下にご講演をお願いしたいのですが……」

「それは、どういう会ですか」

「……というわけで」

「では、検討します。ついては協会の定款《ていかん》と会員名簿を送っていただけますか」

そして一週間後、「ＯＫ」という夢のような返事をいただいたのである。その間、中井という人物について、宮内庁から視覚障害文化振興協会に問い合わせがあったと聞いた。

それからのことについては省略するが、記念講演が大成功のうちに終わったとき、いろいろな人が声をかけてきた。

「中井さん、なんで殿下とお知り合いなんですか」

「いや、ちょっとしたことで……」

まさにちょっとしたことだった。もし、あのときお礼状を出していなかったら、いや、お礼状だけで終わっていたら……。

私はお世話になった方、ご縁《えん》のできた方にはすべて手書きでお礼状を出し、大事に大事におつきあいさせていただいてきた。筆まめといわれるが、出さないと自分の気持ちが晴れないのである。

「時は金なり」という。考えてみれば、先方はなんらかのかたちで私のために時間を使ってくださっているわけである。自分もまた、その方のために少しでも時間を使うことが、その方に対するいくぶんかでものお返しになるのではないか。私はそう思うのだ。

感謝の心を形に表す三つの「贈り物」

感謝やお祝いの心は、形に表さなければ伝わらない。それが「贈《おく》り物」である。私は贈り物には大きく分けて三つあると思っている。

一つはお金。二つ目は品物。三つ目は電話や手紙によるメッセージ。そしてつけ加えたいのが「身贈り〔＝見送り〕」つまり体を使う贈り物である。石川洋《よう》先生の言葉に、「出迎え三歩、見送り七歩」がある。

私はお客さまが帰られるとき、忙しいときは別として、店頭でずっとお見送りすることにしている。「身贈り」である。そしてそのとき、心のなかで、「こっち向いて、こっち向いて」と念じるのである。そうすると、不思議とお客さまは振り返ってくれる。私が頭を下げると、手を振ってくれる。私も手を振る。すると、その方は必ずといってよいほどリピーター（常連客）になってくれる。また、そのすべてを見ている人もいる。

終わりよければすべてよし。お客さまが帰られるときにかける言葉もそうである。「ありがとうございました」だけでは一方通行で終わってしまう。お客さまからも言葉が返ってくるようなお礼のいい方をしなければ、心はつながらない。

私はお年寄りのお客さまが帰られるときは、たとえば「おばあちゃん、お元気でね」と一言《ひとこと》、一声《ひとこえ》添《そ》える。そうすると、必ず「ありがとう」という言葉が返ってくる。茶髪《ちゃぱつ》の若者のグループには「お兄ちゃん、がんばってね」と声をかける。すると「うん、がんばるわ」と応えてくれる。

カップルのお客さまには、女性のほうに、男性にも聞こえる程度の小さな声で「幸《しあわ》せになってね」という。キザなように思われるかもしれないが、親が娘にいうような感じでささやくのである。すると、「ニコーッ」と笑《え》みを返してくれる。

小学生ぐらいの子どものお客さまには、腰をかがめ、目線の高さで、「しっかり勉強せなアカンで」という。そうすると、親もニコニコして、私のほうを半分見ながら、「しっかり勉強するのよ」とやさしく子どもにいいきかせるものである。

どうしてそういう言葉が出てくるのかとよく聞かれるが、秘訣《ひけつ》などはない。これらはみんな親や親戚《しんせき》が身内にかける言葉なのである。自分とかかわりを持った人たちが、一人残らずみんな幸せになってほしい。私はそういう思いで声をおかけしているだけなのである。

人間はだれかの引き立てがなければ光り輝かない。いまの私があるのはいろいろな方に引き立ててもらったからである。いくら才能があり、能力があっても伸びない人がいる。才能がなく、能力がなくてもよくなっていく人がいる。私はまさに後者であった。

では、なぜ引き立ててもらうことができたのか。その理由は、警句的《けいくてき》にいうと次の四つになるかと思う。

一、「年長者を敬《うやま》え」。これは業種も肩書もいっさい関係ない。私は年長者を自分の親や兄のように思ってきた。

一、「いわれたことを素直に謙虚に受け入れよ」。すべて素直に聞くことである。いいたいことがあったら、おうかがいを立てればいい。

一、「いわれたことを誠実に実行せよ」。自分が体を動かさなければ、何事も始まらない。

一、「損得《そんとく》で考えるな」。経営の物差しは「損得」である。しかし人間社会、そして神様の物差しは「善悪」である。壁に突き当たったとき、「損得」ではなく「善悪」で判断すれば、道は必ず開ける。

私はいま心から思っている。

自分は本当にいろいろな方に支えていただいた。こんどは私が少しでもそのお返しをしていきたい――と。

第九章 「人財」のネットワークはこうして築け

ラジオ番組で広げた「人財」ネットワーク

私には、オーバーにいうのではなく、知り合いが一万人ぐらいいると思う。どの人も私にとってはかけがえのない「人財」である。住所録には約二〇〇〇人、そのうち一〇〇〇人以上に毎年、自筆で年賀状を出している。

お好み焼き専門店の経営者にすぎない私が、どうしてこれほど多くの「人財」に恵まれたのか。それにはわけがある。

私は、以前は仕事だけの狭《せま》い世界のなかで生きてきた。二十二歳で長居に初めて店を出したとき、知り合いといえば近所の人たちと常連のお客さまだけで、世間というものを知ったのは取引を始めた信用組合の「友の会」に入ってからだった。

しかし、私には二つのコンプレックスがあった。

一つは、当時、自分が中卒だということで、この劣等感ばかりはいくら説明しても経験した人でなければわからないだろう。

もう一つは、お好み焼きという仕事に対するコンプレックスである。もともと好きで始めた仕事ではなく、義兄から勧《すす》められて開いた店だったし、いまでこそ外食産業として〝市民権〟を得ているお好み焼きだが、当時はお好み焼きというと、年寄り夫婦が裏町で細々《ほそぼそ》とやっているというイメージが強かった。

「よし、これを一生の仕事にしていこう」という覚悟がなかったわけではなかったが、一方では「フランス料理やイタリア料理ならいいけれど、お好み焼きなんて周《まわ》りから見たらカッコ悪いやろな」という気持ちがあり、そうしたコンプレックスが人と交《まじ》わるということにおいて私を臆《おく》させていたのである。

そういう卑屈《ひくつ》な気持ちをふっ切ってくれたのが、ある先輩の一言《ひとこと》だった。

まだ二店舗ぐらいのころ、「中井君、店、ようなってきたなあ」と激励されたとき、「いやぁ、所詮《しょせん》、お好み焼き屋ですから」と、ポロッと本音を口にしたことがあった。

とたんに、こう叱《しか》られたのである。「何いうてんのや。『お好み焼き・千房』やさかい、みんなはキミを相手にするんやで。『千房』という店がなかったら、だれも相手にせえへん」

私はハッとした。

ラジオ番組を始めたころの著者。スタジオでの収録の様子

〈そうや、この店あっての自分や。自分の仕事に誇《ほこ》りをもたなあかんのや〉

先輩は、こうもいってくれた。

「商売に学歴なんか関係あらへん。成功のコツは、注目される人間になることや」

昭和五十八年（一九八三年）から一〇年間、ラジオ大阪の「えっ！　ほんまでっか奥さん」というトーク番組のパーソナリティーを引き受けたのも、その先輩の言葉が頭から離れなかったからだった。

放送は毎週日曜日の朝十時から三〇分。タイトルどおり文化、芸能、スポーツと、ありとあらゆるジャンルの関西の著名人夫人をスタジオにお招きし、著名人のナマの姿を聞き出そうという番組で、その後、「いうて暮らしているうちに」というタイトルに変わり、独身女性もお呼びするようになった。一〇年間で対談した人は、第一回の大島靖《やすし》前大阪市長（当時）の直子夫人をはじめ、歌手の天童よしみさんや女優の有馬稲子《いねこ》さんなど約五〇〇人にのぼる。

素人の私を起用したのは、前にも述べたように、スポンサーになるなどラジオ大阪とのそれまでのつきあいをとおして、中井という人間は発想もしゃべりもおもしろい、話題の引き出しもいろいろもっている、ということだったのだろう。

それはともかく、そのラジオ番組での奥さま方との出会いが縁でご主人方とのつきあいが始まり、そこからいまのような「人財」のネットワークが広がっていったのである。

といって、奥さま方に出会っただけでは交流は始まらない。〝第二アクション〟がなければ人間関係は結べない。私はすぐにご主人宛《あて》に礼状を書いた。奥さまにお世話になった以上、ご主人にお礼を申し上げるのが礼儀というものだからである。すると、折り返し、先方からも礼状がくる。それが始まりだった。

二通の礼状から学んだ大切なこと

話がちょっと逸《そ》れるが、礼状ということで、忘れられないのは、ダイエーの創業者・中内㓛《いさお》さんである。

あるパーティーに行ったとき、中内さんが何百人という参加者と一人ひとり名刺交換をされていた。やがて私の番がきて、私も名刺を交換させていただいた。

中内さんといえば雲の上のような人である。

「中内さんから名刺もろた」

私は得意になって友人に見せびらかしたりした。

ところが、思わぬことに、ほんの一言、二言交《ふたことか》わしただけだったのに、それから一週間もたたないうちに中内さんから礼状をいただいたのである。

「ご拝眉《はいび》の機会を賜《たまわ》り、誠にありがとうございました。今後ともご指導ご鞭撻《べんたつ》のほど、どうぞよろしくお願い申し上げます。取り急ぎ、御礼のごあいさつまで」

たしかそんな文面だったと記憶している。文章はワープロだったが、署名はなんと自筆だった。

〈自筆とは、すごいな！〉

私は驚いた。

「大変失礼しました。私のほうこそお礼を申し上げなければならないところを……」

私はさっそく、お礼が遅れたおわびとともに、拙著《せっちょ》『無印人間でも社長になれた』を「お暇《ひま》なおりに、お読みいただければ幸いです」と書き添《そ》えてお贈りした。

すると、また一週間もたたないうちに、「著書をお贈りいただきありがとうございました」という礼状が届いたのである。

その迅速《じんそく》な対応に、それからというもの、私はダイエーの看板を見ると何か身内のような親近感を覚えるようになり、その思いはいまでも変わっていない。

もう一つ、中内さんから学んだのは、それまで私は、名刺を交換したあと、「この人とは長くおつきあいしたいな」と思う人には礼状を出してきた。けれども、「この人とは二度と会わへんやろ。お世話になることもあらへんし」と思う人には出さなかった。しかし中内さんは、〝端《はし》っこの端っこ〟のような存在の私にさえ礼状を出しておられる。

ああ、そうか。私は思った。自分がこうして感動しているのは、〈自分なんか中内さんから礼状などもらえるはずがない〉と思っていたところにいただいたからではないか。礼状というのはどんな人にも書いてこそ意味があるのだ、と。

その二通の礼状を通して、私は経営者としてのあり方、という以上に人間としてのあり方を中内さんから学んだのである。

唐突《とうとつ》なたとえをもち出すようだが——、履《は》き古した靴《くつ》を捨てるとき、あなたは洗って捨てるだろうか、そのまま捨てるだろうか。シャツを捨てるときはどうだろう。

そのまま捨てるのがふつうだろうが、洗うと、「お世話になったな」という感謝の気持ちが湧《わ》いてくるものである。場合によっては、もう少し履こうかな、着ようかなという気持ちにもなる。

礼状についても、ある意味で、同じようなことがいえる。名刺というのはいわば人間関係の消耗品《しょうもうひん》で、いただいた名刺の多くはまず二度と使うことはない。しかし私はそのまま処分するのではなく、お世話になった靴やシャツをていねいに洗うように、「お会いできてありがとうございました」という感謝の気持ちを込めて礼状を書いてきた。

私たちは往々《おうおう》にして損か得か、自分のためになるかならないかで判断する。けれども

「人脈」というのは、損得とか利害とかというものとは離れたところで広がっていくものなのだ。

ところで、パーソナリティーを引き受けたことで勉強になったのは、最初にディレクターから、「中井さん、リスナーは二〇万人おるんです。二〇万人の前で話をしているつもりでしゃべってください」といわれたことだった。

ゲストと私の話をその場で聞いているのは数人のスタッフだけである。しかし、マイクの向こうでは見ず知らずの二〇万人の人が聞いている——。

「人財」の多さが物事の成否を握る鍵

それ以来、私はどこでだれと話をするときでも、そこにマイクがあるつもりで話をしてきた。どんな人でもその人のバックには大勢の友人、知人がいる。二人だけで話をしているようでも、じつは何百人、何千人の代表同士がサミット（会議）をしているようなものであり、その話はいつだれに伝わらないともかぎらないからである。

あの冒険家の堀江謙一《ほりえけんいち》さんはなぜ世界的に有名なのか。評価が高いのか。ヨットで世界一周をした。その偉業のためであることはいうまでもない。しかし堀江さんのすばらしさは、それ以上に、寄港した先々で日本人の誇りをもって徹底的に礼を尽《つ》くしたことだった。

そのことは、日本人ははじめはだれも知らなかった。その後、二度、三度と別の人が寄港したとき、行く先々で大歓迎された。それは堀江さんという先人の振る舞いがすばらしかったからで、それによって堀江さんの偉《えら》さもまたわかったのである。

つまり、自分の言動はすべて直接・間接に必ずだれかに影響を与えている。「あの人は、ええ人や」という評判が広まれば、初対面の人でも信頼してくれる。「世間」の信用を勝ちえるうえでいちばん大事なことを、私はパーソナリティーを経験することで学んだのである。

もう一つ、そのときに学んだのは、どうすれば初対面の人に好感をもってもらえるかということだった。ゲストとはぜんぶ初対面である。好感をもたれなければ話は弾《はず》まない。

それには、聞き上手《じょうず》にならなければならない。相手の目を見、笑《え》みをたたえ、ときにはうなずき、タイミングよくあいづちを打ちながら、身を乗り出すようにして聞かなければ相手はのってこない。

また、あたりさわりのないことしか聞かないのでは、これはという話は引き出せない。ふつうならこんなことは聞かないだろう、という質問をどう感じよくするか。いわば生きた人間関係学とでもいうべきものを、私はそこで学んだのである。

丁稚奉公に出た十五歳のときに父を亡くした私は、年配の人、年上の人を見ると父や兄のように思ってきた。多くの「人財」に恵まれたのはそのおかげもあるかもしれない。

あるパーティーでこんなことがあった。年配の方が車椅子で来ておられ、奥さまらしい方がつき添っていたが、どこか不自由そうにされている。私は自分のソバを取りにいったついでにその方のぶんも取ってきた。奥さまらしい方があわてて「すみません」といってやってこられたが、私にしてみれば当然のことだった。

あとで知って驚いたのだが、その方が「大阪ろまん」「有楽町で逢いましょう」などを作詞された、作家の石浜恒夫《いしはまつねお》さんとその奥さまだった。

周りの人は、偉い人だということを知っているから、遠慮《えんりょ》してなかなか近寄ろうとしない。そんな人とは知らないものだから、私はただただ、身体《からだ》の不自由な年配の人をいたわらなくてはいけない、という気持ちだけだった。お嬢さんは大阪・南港《なんこう》にある「なにわの海の時空館《じくうかん》」の館長をされている石浜紅子《べにこ》さんで、それが縁になって紅子さんとも一家で親しくさせていただいている。

私には世間の人のような学友関係の人脈はない。おつきあいする人が増えてきたのは、たとえばそういう出会いからで、仕事だけの狭い人間関係のままだったら、「千房」はとうてい、いまのようなハワイを含めて全国五二店舗という規模になっていなかったろう。

どんな仕事でもそうだと思うが、事業の成否を決める一つの鍵《かぎ》は、仕事以外での人との

人との出会いを大切にする著者（左）。あるパーティーで

つながり、つまり「人財」をどれだけもっているかにあるのではなかろうか。

人生、出会いは数え切れないほどある。だが、こちらがいくら「あの人とおつきあいしたい」と思っても、それを決めるのは先方である。「人脈」の主導権は相手にある。

「五まめ」と「三つのプレゼント」

では、人間関係を深めるにはどうしたらいいか。私の経験からいうと、一つには、「五まめ」と前の章で述べた「三つのプレゼント」を徹底的にドッキングさせることだと思う。

「五まめ」とは「筆《ふで》まめ」「口まめ」「足まめ」「こまめ」「贈りまめ」の五つの「まめ」であり、「三つのプレゼント」とは、お金や品物、手紙や電話などによる「メッセージ」、そして「身贈り（＝見送り）」である。

ただし、この「五まめ」と「三つのプレゼント」は原則としてムラがあってはならない。この人にはするけれども、この人にはしないということになると、話がややこしくなる。そういう情報ほど、自分が知らないところで通じやすいものだからである。

それともう一つ、これは意外に認識されていないが、先方のご夫人とお子さんに好《す》かれることである。

おしなべて、世の男性にとっていちばん怖《こわ》いのは女房である。次いで、子どもである。

これはどんなに偉そうにしている人でも変わらない。その怖いご夫人や子どもが「あの人はええ人や」といってくれれば、こんなに強いことはない。

さっきのラジオ番組でも、会ったこともない私をご主人方が信用してくれたのは、奥さま方のお墨《すみ》つきがあったからだった。

わが家に置き換えて考えてもそうである。友人は、どの人も私にとって大事な人である。ところが妻にいわせると、なかには「あの人はあかん」という人もいる。むろん表立《おもてだ》っていわないのだが、妻にそういわれると、その後はなんとなくつきあいにくくなるし、あとになってみると、それがけっこう当たっているものなのである。

さきに名刺の話をしたが、店が一店舗しかなかったときは、私の名刺の裏は白紙のままだった。

支店が一店できると一行、二店できると二行というふうに、支店が増えるとともに行数が増えていく。二〇店舗ぐらいまではそれが楽しみだった。名刺を出しながら、ひそかに〈裏を見てくれないかな、見てくれないかな〉と思ったものだった。

ところが、ある外食産業の大先輩と名刺を交換したとき、私よりずっとたくさんの店をもっておられるのに、そんなことは一つも書かれていない。

〈肩書や店数《みせかず》を自慢しているようではまだまだあかんわ〉

私は、自分が恥《は》ずかしくなった。

人は、とかく肩書や立場で人を見る。人脈も多くは肩書や立場によってつくられる。しかし、そうしたものを外《はず》したとき、はたしてどれだけの人間関係が残っているのか。それが人間としての本当の価値ではないか。

いまは「『千房』の中井」「道頓堀の中井」で通っている（?）私だが、いつかはたんに「中井政嗣」とあるだけの、肩書も何もない名刺を持てるような境涯《きょうがい》になりたい――。まだその域には達していないが、「中井」という姓をけがさないためにも、いま私はそう願っている。

第十章　一言の「励まし」が勇気と活力を与えてくれる

雨のなか一二時間五〇キロ歩破に挑戦

平成十五年四月五日土曜日午前八時、どしゃぶりに近い雨のなか、満開の桜に見送られてのスタートだった。

大阪・堺市の大泉緑地から竹内峠《とうげ》を経て、奈良の當麻寺《たいまでら》までを一二時間で往復するウォーキング大会もこの年で八回目。私たち「ねっこの会」が毎春開いている「一二時間五〇キロ歩破チャレンジ大会」である。

この大会に主催者の私は「歩くサポーター」として参加した。一七〇人の参加者のなかで遅れそうな人を後押しし、定刻の夜八時までにゴールインさせる役である。

私がカバーしたグループは一二人。そのなかに最年少参加者である小学四年生の廣田亘《ひろたこう》平《へい》君がいた。

元気な子で、道中、一人でしゃべり続け、「♬春の小川はさらさら行くよ」と歌うかと思うと、桜の木の下を通りかかると、「♬さくら、さくら」と口ずさむ。

ところが、折り返し点の二五キロまでは元気だったのが、三五キロを過ぎるころからだんだん口数が少なくなり、足を引きずりだした。

「しんどいか？」

「大丈夫！」

「引っ張ってやろか」

「いえ、要《い》りません」

それでも、見かねてタオルの両端に節《ふし》をつくって片方を持たせると、負荷《ふか》がかかってくるのがわかる。

だが、それまで「元気やな」「元気やな」とほめられてきたせいか、泣《な》き言《ごと》はいいにくかったらしい。

「亘平君、しんどかったら、『しんどい』いうてもいいんやで。しんどいやろ」

「しんど〜い！」

そういわれて安心したのだろう。屈託《くったく》のない、大きな声だった。

「よっしゃ、それでふつうの人間や。しんどいから楽しいんやで」

私はそういって励ました。

恒平君たちと50キロ歩破の途中で

「励ます」というと、よく「がんばれ」という人がいる。しかしそれもときによりけりで、つらさの極限にきたときは、「がんばれ」といわれるよりも、「しんどいやろ」といわれたほうががんばれるものなのだ。

すばらしかったのは、コースの案内や昼食や飲み物の準備など、大会を支えてくれた三〇人のサポーターだった。

コースは毎年同じだが、サポーターは必ず二週間前に片道二五キロを歩いてリハーサルする。実際に歩いてみると、道路工事をやっている個所《かしょ》があったり、微妙な変化がある。それを把握《はあく》しておかないと、思わぬ事故を招きかねないからである。

それともう一つ、サポーターの大きな役割に参加者への激励がある。それには、歩くつらさを自分で体験しておかなければ、参加者の身になって考えることはできない。

それに、沿道の草花や木々の変化もある。歩いておけば、このぶんなら二週間後には桜が満開になるだろうなとか、そういう情景をスタートの段階で教えてあげることができ、それが大きな励ましになる。

そうした準備をしたうえで、当日は五キロごとにチェックポイントを設《もう》け、飲み物や果物とともに、それぞれが考えた激励の言葉を綴《つづ》った絵入りのカードを手渡して励ますのである。

《調子はどう？　My《マイ》ペースでがんばろう！　気負わないでリラックスして歩くことが完《かん》歩《ぽ》のヒケツ。先は長いのだから……》（五キロ）

《よくここまでがんばった！　あんたは偉い！　たいした人だ！　ゴールまでたったの五㎞。完歩は近い！　仲間がまってるぞ！》（四五キロ）

といった調子である。

ゴールインした人たちのために、私も書いた。

《五〇㎞完歩おめでとうございます。この体験はこれからの人生においての宝物。必ず活《い》かされる、忘れられない思い出となることでしょう。乾杯！》

大会後の感想文には、完歩した大半の人が、「サポーターのおかげです」と書いていた。自分一人でがんばった、という人はただの一人もいなかった。

相手に勇気を与え自分を鼓舞する一言

五〇キロというのは、私の足でいうと、歩幅が七〇センチだから七万歩強。ハンパな距離ではない。それでも、一人でも多くの人に〝完歩〟してもらうための、過去七回の経験から得たコツがある。

亘平君だけでなく、一二人のなかにはどうしても遅れがちな人がいる。そういうときは、ハンカチやタオルで全員の手をつなぎ、いちばん元気な人に先頭に立ってもらうのである。そうすると、足を引きずってでもみんなが同じペースで歩けるようになる。先頭の人が疲れると元気な人と交代し、みんなが疲れたときは私が先頭に立つ。

弱い者同士でも、心を結び合い、リーダーを中心に心を合わせれば強くなる。その結果、亘平君はじめ一二人全員が見事に〝完歩〟できたのである。

また、追い越したり、追い越されたり、折り返した人とすれ違うときは、「こんにちは」とか「お元気ですね」と声をかけるのだ。

黙《だま》っているのと、一声《ひとこえ》かけるのとでは全然違う。声をかければ、相手はもちろん、自分自身が元気になってくる。その「一言《ひとこと》」が相手にどれほど勇気を与え、自分を鼓舞《こぶ》することか。世の中、そういう一言が少なすぎるのではなかろうか。

それから、どんなに疲れていても、決してとまらないことである。しんどいと、腰掛けて一休みしたくなる。あとから来た人に追い越されても、「すぐに追いつける」と考える。だが、こういうウォーキングでは、いったん休むと、まず二度と追いつけないものである。

ウサギとカメではないが、人生がそうであるように、ゆっくりとではあっても着実に前進する人にはかなわないのだ。

まだある。目標は高くもつことである。私の体験からいって、肉体的な疲労は別として、

自らも歩きながら50キロ歩破に挑戦する参加者を激励する著者（中央）

精神的なつらさ、実感するつらさは五〇キロも二五キロも変わらない。逆にいうと、初めから二五キロを目標にした人は、歩く距離は二五キロでも五〇キロのつらさを体感する。それならば目標は高いほうがいいわけである。

この年はスタートしたときはどしゃぶりの雨だった。それが、昼過ぎからやんできた。人生になぞらえて、こんなことをいう人もいた。

「中井さん、朝、快晴で、昼からどしゃぶりやったら、これはホンマにつらいですよね。人生も最初はつらいほうがいいですね」

また、歩きながら、だれもが口にしたのは、「こんなん、一人やったら、絶対に歩かれへんな」ということだった。みんなが目標を一つにし、同じ目的に向かうという共通項があるからこそ歩けたのである。

遅れた人をすべてカバーする最後のサポーターが七八人目にゴールインしたのが夜の九時半。この大会はラジオ大阪の「元気もってこい」という番組で前後二回、合わせて三〇分間中継《ちゅうけい》されたが、「五〇キロの人生小劇場」は、こうして事故なく大成功のうちに終わったのである。

「ねっこの会」というのは、一三年前に、私が代表世話人になり、有志五人で始めた親睦《しんぼく》の会である。

相田みつをさんに、「花を支える枝、枝を支える幹、幹を支える根、根は見えねえんだなあ」という味わい深い言葉がある。根とは、人生でいえば、生き方、考え方、人生観、価値観といっていい。その根を大事にしたい、肥《こ》やしていきたいという思いからの命名だった。

以来、開催してきたイベントは、講演会や「五〇キロ歩破大会」など七十数回。登録会員は二〇〇〇人を超《こ》えている。ただし、会則もなければ、年齢も性別も肩書も関係なく、出入りも自由で、年会費もない。イベントごとに若干《じゃっかん》の参加費が必要なだけである。

とはいっても、たとえ初めて参加した人であっても、ゼッケンをつけている以上は会の一員である。非常識だったり、会の名に傷をつけるような人にはゼッケンを外してもらうことにしている。

世間は一人の人の姿や行動で全体を判断する。世間から指弾《しだん》されるようなことをする人が一人でもいれば、会全体がそう見られてしまう。「一〇〇－一＝九九」というのは学校の算数で、社会では「一〇〇－一＝〇」なのである。たとえば「千房」でも、たった一人の不注意で食中毒でも出したりすれば、五二店舗全部がだめになる。

どんな会や組織でも、一人ひとりが「自分がこの会の看板を背負っているのだ」という自覚をもたなければ継続も発展もない。だから、そういう人にはゼッケンを外してもらうのだ。

二四時間一〇〇キロ歩破にもチャレンジ

九年前にこの大会を始めたことは前述したが、実はそれには前段がある。

その前年の秋、大阪府警の有志が主催する「二四時間一〇〇キロ歩破二〇回記念大会」のスポンサーを頼まれ、少しでもお役に立つならと喜んで引き受けた。そのときに、一緒に歩いてみないかと誘われて参加したのである。

走り通すのは大変だが、ウォーキングならなんとかなる自信があった。

スタートは正午ちょうど。コースは大阪城前を出発し、阿倍野《あべの》を通り、堺東《さかいひがし》を通って岸和田《きしわだ》を越え、関空《かんくう》（関西国際空港）のりんくうタウンを過ぎて和歌山の少し手前の桜ヶ丘北交差点で折り返す。参加者は一五七人だった。

事前に足ならしをしておいたおかげで三〇キロ、四〇キロは難なくクリアし、五〇キロの折り返し点に着いたのが夜の十時二十六分。前半は快調だった。

そのころになると、歩く速度に応じてあちこちに小集団ができてくる。五〇キロの手前から、私たちのグループは七人になっていた。

その一人にアキヨちゃんという若い女性がいた。美人だが、か細《ぼそ》い感じの子で、懸命に

50キロ歩破の折り返し地点である奈良・當麻寺で参加者とともに

歩く姿が見るからに痛々しい。

「アキヨちゃん、もうやめときや。無理はしてもええけど、無茶はしたらあかん。せやからやめとき」と声をかけると、「一緒に連れていってください。ついて行きますから」という。私たちのグループはその後、このアキヨちゃん、五十歳のおばちゃん、二十六歳の独身男性、それに私の四人だった。

七〇キロ。この段階でふつうの人は体力の限界に達する。吉本興業の間寛平《はざまかんぺい》さんの言葉にあるように、「オレ、とまったら死ぬねん」という状態になる。とまったとたんに、全身がドクドクと脈打ち、足が前に出なくなる。

あとはもう、精神力の闘《たたか》いである。忍耐、努力、根性……。そんな言葉を頭のなかで反《はん》芻《すう》しながら一歩一歩踏み出すのだが、そのとたんに、まるで針のむしろに足を突っ込んだかのように激痛が走る。が、人間の体というのはたいしたもので、「痛い、痛い」といいながらも歩いているうちにいつの間にか慣《な》れてくるものなのだ。

八〇キロ――。だが、このあたりになると、わずかに残っていた精神力も吹き飛んでしまう。

まず、眠い。一睡もしていないうえに疲労が重なって、猛烈な睡魔《すいま》が襲ってくる。気がつくと、二十六歳の独身男性が私の肩にもたれかかり、歩きながらイビキをかいている。

一分足らずの信号待ちのあいだにも、そばの塀《へい》や壁にもたれかかり、体をL字型にして熟睡する。

それに足がどうしようもなく痛い。足の裏にマメができ、そのマメがつぶれてまたマメができ、それがつぶれて水が噴《ふ》き出す。

おまけに夜明け前になるとものすごく寒くなり、背中がぞくぞくしてくる。かと思うと、太陽が昇ってくると、こんどは頭がもうろうとしてくる。帽子《ぼうし》をかぶっていても役に立たない。そうすると、動物の本能なのだろう、少々遠回りしてでも日陰《ひかげ》を拾って歩くようになる。

こうして、そんなつらさに耐えながら、翌日の正午前、なんとこの四人全員が二三時間四二分で見事に〝完歩〟したのである。〝完歩〟したのは一五七人中、プロのような人を除くとわずかに二一人。そのなかに四人全員が入ったのだ。


強い「絆」があったからこその〝完歩〟


なぜこの四人が〝完歩〟できたのか。

「みなさんのおかげです」

ゴールインしたとき、異口同音に四人の口をついて出たのはこの言葉だった。

「みなさんのおかげ」――日ごろ何げなく口にしている言葉だが、まさにそのとおりだったのである。

ある参加者が涙ながらにこういった。七〇キロ付近でのこと。「もうやめよう、もうやめよう」と思いながら歩いていたとき、ふと顔を上げると、五〇メートルほど先を年配の人が疲れ切ったようすで歩いていた。

〈あっ、あの人、リタイアしそうやな。あの人がリタイアしたら自分もやめよう〉

そう思いながら、その人をマークした。ところが、数キロ行ったところでふと振り返ると、ゼッケンをつけた年配の方が自分を見て一生懸命に歩いている。

〈あの人、私がやめたら、きっとリタイアするつもりやな〉

そう思うと、やめることができなかった。この三人は見事〝完歩〟された。他人を目標にしていたら、こんどは自分が人の目標になっていたのだ――。

八五キロを過ぎたころ、黄色い旗をなびかせながら、救護車が私たちのそばに寄ってきて、甘《あま》くささやきかけてきた。

「もう無理せんと、クルマに乗らはったらどうですか？」

「どうする？　乗ろうか」

「乗りましょう」という返事が返ってくることを半分期待しながら聞くと、ほかの三人とも「けっこうです」と首を横に振る。

すると、救護車はスピードを上げてサーッと通り過ぎていく。とたんに四人で顔を見合わせて「乗りたかったなあ」といい合うのだったが、もしもあのとき、「乗りたい」という人が一人でもいたら、一も二もなくみんな車に乗ったにちがいない。

堺を過ぎた九〇キロあたりでのことである。一軒、開いていた薬局があったので、吸い込まれるように飛び込んだ。

「一発で効《き》く栄養ドリンク、一本ください」

そういいながら、ひょいと振り向くと、三人がのぞいている。

「いや、四本ください」

私はあわてていいなおした。そのあと、その三人がついて行くのに往生《おうじょう》するほど元気を出したのである。

〈ああ、そうか。自分が元気になろう思たら、周りを元気にせなあかんねんな〉

四人が〝完歩〟できたのは、まさに全員の強い「絆《きずな》」があったからこそだったのである。

「五〇キロ歩破大会」を始めたのは、この一〇〇キロ大会のあと、〝完歩〟できなかった人たちのなかから、「こんどは五〇キロを歩きたい」という声が出たからだった。

開催を知らせる案内状に、私はこう書いた。
《自分を大切にする以上に、他人の痛みを思い、いたわり合わなければ人生はあまりにも寂《さび》しい。痛みや苦しさを通じて、喜びを分かち合うなど、この大会は他人との競争ではなく、お互いに励まし合って、心と心が触れ合うところに素晴《すば》らしさがあるのです》（第五回大会）

人間は、一人ひとりがお互いに影響を与え合い、受け合って生きている。心温まる「励まし」こそが人間に最高の「勇気」と「活力」を与えてくれることを、私は「歩く」という行為を通じて、毎回実感し、確信している。

毎回生み出される感動のドラマは、まさに「人生の縮図」なのだ。

第十一章　最大の励ましとは「相手を思う心」

人は、人の言葉に惑わされるもの

　人を励ますには、なんといっても「ほめる」ことである。けなされて励みになる人はいない。

　私が独立したのは二十二歳。いよいよオーナーだ、と張り切っていた私は、朝早くから夜遅くまで働いた。とはいっても、まだ私も若かった。人間である以上、息を抜きたくなるときもある。怠《なま》けたくなるときもある。体調が悪いときもある。

　でも、近所の人や市場のおっちゃんやおばちゃんが盛んに、「マスター、あんた、若いのにえらいなぁ。働きもんやな」といってくれる。そういわれると、その気になり、その言葉を裏切ってはいけないという気持ちにさえなる。私を支えてくれたのは、そういう地域の人たちの「励まし」だった。

　最初のうちは「みんながそういうてくれはるねんから、がんばらなあかん」という気持ちだったのが、それを続けていくうちに、がんばることが習慣になったのである。
人間、周りが「あの人はええ人や、ええ人や」といい続ければ、必ずいい人になっていく。「あいつ、あかんやつや」とばかりいっていたら、本当に「あかんやつ」になる。

立教大学でこんな実験をしたことがあったという。山の頂上から降りてくるグループと麓《ふもと》から登っていくグループに分かれ、一人ずつ、五〇〇メートルくらいの間隔《かんかく》で、一方は降りていき、一方は登っていく。途中で出会ったとき、降りていく人が登ってくる人に三つの言葉をかける。

まず一つは、「顔色が悪いですね」。二つ目、「元気がありませんね」。三つ目、「休んだらいかがですか」。

そんな言葉をかけられた〝登るグループ〟は、意思の弱い人はたった一人と出会っただけでリタイアし、どんなに根性のある人でも五人ともたなかったという。つまり、そういう言葉をかけ続けられて登頂できた人は一人もいなかったというのだ。

これが何を意味するのか、いうまでもないだろう。人間、自分が少しでもしんどいなと思っているときに、人から「体調悪いのとちゃうの？」といわれると、本当にしんどくなるものなのである。人は、人の言葉に惑《まど》わされるものなのだ。

創業当時、従業員が青白い顔をして出勤してくると、私は心配して、よく、

「顔色悪いけど大丈夫か。このごろ、やせたんちゃうか?」

と声をかけた。年二回、健康診断を受けさせてはいるが、身内だと思えばこそストレートにそう聞いた。

でも、立教大学での実験の話を知り、そういう聞き方は逆効果だと考えた。顔色が悪いといえば本人も気にしてしまう。そこで青白い顔をしていても、意識的に励ましになるようないい方をすることにした。

「社長、おはようございます」

「おっ、元気そうやね」

最初のうちは、無理にそういっている自分の口が怖かった。

ところが、こちらがそういうと、「はい、元気です」という返事がかえってくる。とたんに顔に赤みが差し、本当に元気になってくる。

「身内だから本音で」とよくいうが、たとえそれが本当のことであっても、自信をなくすようなことをいったのでは相手を気づかっていることにはならない。身内だと思えばこそ、近しい人だからこそ、相手に夢と希望を与える「励まし」が必要だということを、私は従業員の姿を通して学んだのである。

どんな人の心も開く大切な四つの要素

人間は、上司や先輩に目をかけてもらってこそ成長する。目をかけられると、期待されていることを自覚するからだ。

私はよく店長に、「目をかけている従業員、何人おる?」とたずねた。人の上に立つ以上、「人を育てる」という意識をもってもらいたいからである。草木でさえ太陽が当たらない場所では育たない。

そう聞くと、なかには「全員、目をかけています」という店長がいる。そういう答えが返ってきたとき、私はこういっている。

「それは、目をかけてないのと一緒や。『がんばります』というのと一緒やねん。キミかて、自分の力だけで店長になったのと違うがな。上司が目をかけてくれて、スポットライトをキミに当ててくれたからや」

ただ「一生懸命がんばります」というのと、「これとこれをがんばります」というのでは、全然違う。みんなに目をかけているというのは、裏返せばだれにも目をかけていないということであり、真剣に人材の育成に取り組んでいないということにほかならない。

私が今日あるのも諸先輩にいろいろなかたちで目をかけていただいたからだった。

三十二〜三十三歳のころ、全国に次々と店を広げていた私は、怖いものなしで、どんな

朝晩一生懸命に働いていた18歳のころの著者

会議でも思ったことをバンバン発言した。そのうちに、そういう私を快《こころよ》く思わない人もいたようで、「あいつは生意気《なまいき》や」とか、「目立ちたがりや」とか、いろいろな批判の声が私の耳にも入ってきた。順風満帆《じゅんぷうまんぱん》だったのが妬《ねた》まれたのかもしれない。

そんなとき、こういって励ましてくれた先輩がいた。

「中井君、いろいろいわれるやろけど、気にしたらあかん。若いんやから、思いきりやったらええねん。叩《たた》かれるぐらいがちょうどええ。あとは私が何とでもフォローしてあげるから」

その人望の厚い先輩の一言《ひとこと》が、ときにはくじけそうになる私を支えてくれたのである。

と同時に、そういわれたことで、私は自分の言動を反省した。いくら自分がそう思うかといって、いえばいいというものではない。乱暴なことをいえば先輩に迷惑をかけることになる。少しは考えてものをいわないといけないな、と。

励ますといっても、「見ていてあげるから、がんばれ」というのと、ただ「がんばれ」というのでは、いわれたほうの受け取り方はまったく違う。「見ていてあげる」というのは「目をかけている」ということであり、その一言があればこそ、後輩や部下はのびのびと育つのだ。

いま私は後輩や部下に、先輩からいわれたことと同じことをいっている。

「何をいうてもかまへん。周りから何をいわれても、僕がキミをフォローするから」と。

よく、励ますには「同じ目線《めせん》で」という。私は従業員を励ますときは、親鳥が小鳥を羽《う》毛《もう》の下に包み込むように、相手をすっぽりと包んであげるような眼差《まなざ》しで話すように心がけている。

丁稚奉公に出ていたとき、私は大将（店主）や番頭さんに嫌《きら》われてはいけないという一心で、すがるような思いで見つめていた。自分が社長になったいま、従業員がどういう気持ちで私を見ているか、丁稚時代の自分を思い出しながら話すのだ。

そして、大将や番頭さんがそうしてくれたときのうれしさを思い出し、相手が一言でも口を開けば、きちんと見つめ、うなずき、ほほえんで、最後にほめるのである。

「見つめる」「うなずく」「ほほえむ」「ほめる」――こちらにこの四つがあれば、どんな人でも心を開いてくれる。反対に、口でいくらほめ、いいことをいっても、相手を見つめず、うなずきもせず、ほほえまず、ほめなければ、相手の心に響かない。「テクニック（建前《たてまえ》）」であっても、それを続ければ「本音」となるのだ。

ほめて育てる、叱って育てる

前にも述べたように、わずか六〇〇字ぐらいの文章だが、私が毎月の給料袋の中に従業員への激励のメッセージ・カードを書き始めてからもう一六年になる。

「千房《ちぼー》」創業から今年（平成十六年）は満三一年になるが、一五年前までは給料は現金で手渡しだった。その後、銀行振り込みとなるが、月に一度ぐらいは従業員の顔を見たい、ねぎらってあげたい、励ましてあげたい、と思った。その思いをメッセージのコメントに託《たく》したのが始まりである。

このメッセージについては、忘れられない思い出がある。

仙台の支店に出張したとき、せっかくの機会なので従業員を慰労《いろう》してあげたいと思い、店が終わってからスタッフ全員が居酒屋で会食をした。ともに食べ、飲み、歓談しながら、「何か要望は？」と聞くと、あるアルバイトの子が手を挙《あ》げた。

「社長、毎月メッセージありがとうございます。私のおやじがいつも楽しみに読んでいるんですけど、『おまえの名前、一度も出てこないな』っていうんです。僕のこと、ちょっと書いていただけませんか」

あつかましいというか、ほほえましいというか、ずいぶん直截《ちょくせつ》な申し出だと思ったが、昼間、彼のかいがいしい働きぶりを見ていた私は、即座に承知した。

「よっしゃ、来月、書いたる」

翌月、「○○君はアルバイトであるが大変がんばっている……」と、ほんの数行だった

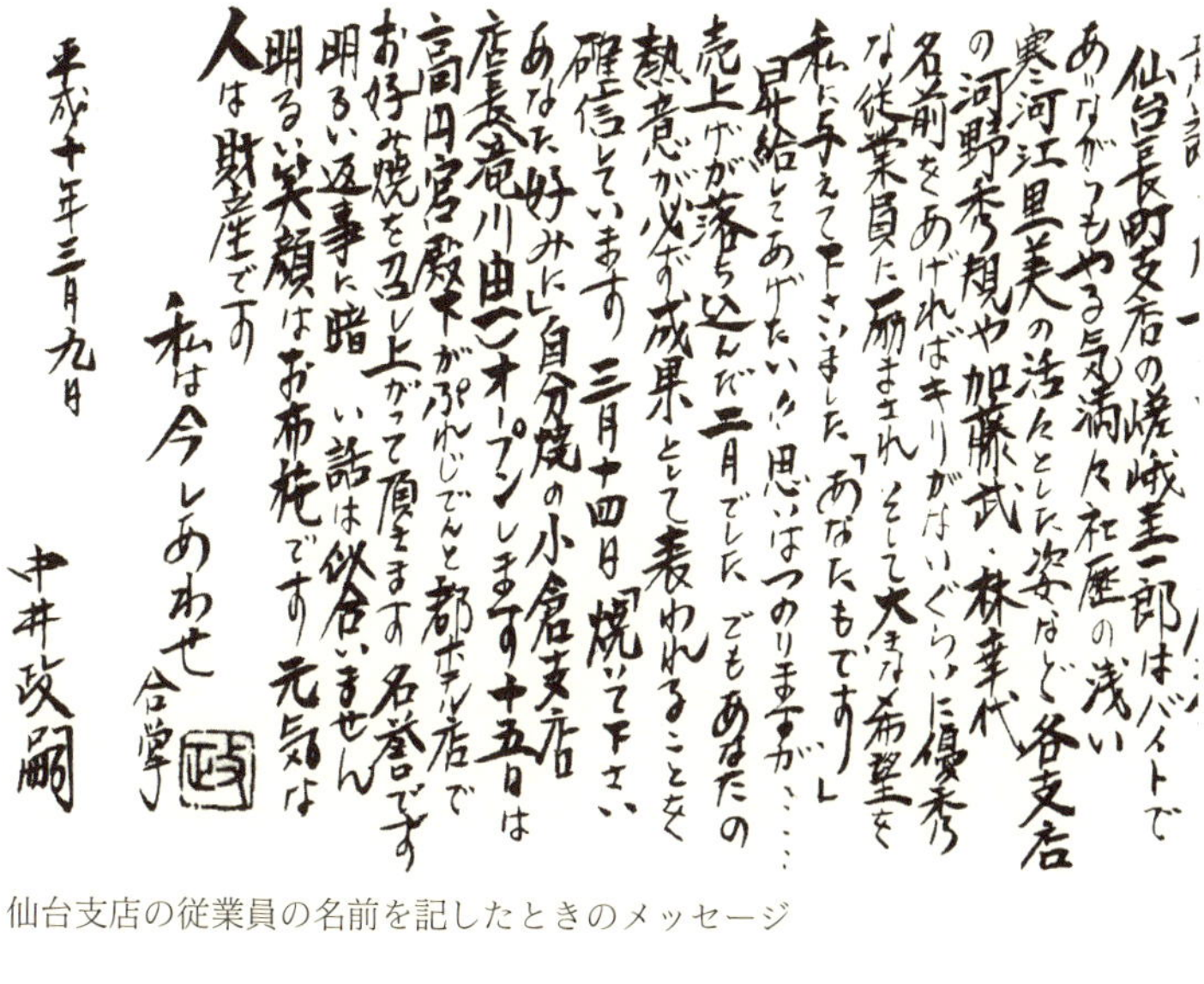
拝啓
仙台長町支店の嵯峨圭一郎はバイトで
ありながらもやる気満々社歴の浅い
寒河江里美の活々とした姿など各支店
の河野秀規や加藤武、林幸代
名前をあげればキリがないぐらいに優秀
な従業員たちに恵まれ そして大きな希望を
私に与えて下さいました「あなたもですよ」
昇給してあげたい!!思いはつのりますが、、、
売上げが落ち込んだ二月でした でもあなたの
熱意が必ず成果として表われることを
確信しています 三月十四日「焼いて下さい、
あなた好みに」自分焼の小倉支店
店長竜川由(一)オープンします十五日は
高円宮殿下がぷれじでんと都ホテル店で
お好み焼を召し上がって頂きます 名誉です
明るい返事に暗い話は似合いません
明るい笑顔はお布施です 元気な
人は財産です
私は今しあわせ
合掌
政
平成十年三月九日
中井政嗣

仙台支店の従業員の名前を記したときのメッセージ

が、約束どおり彼のことを取り上げた。やはりすぐに感激の電話がかかってきた。

「社長、ありがとうございました。おやじがえらい喜んでいました。私、がんばります」

人は自分のことが一番気になる。ちょっと自分の名前を書いてもらっただけで、それほど励みになるものか。励ますということはどういうことかということを、私はあらためて教えられたような思いだった。

――そうか。「社長が自分を知ってくれている」ということは、「自分を見守っていてくれる」「自分が注目されている」ということであり、それが従業員にとっては最大の張り合いでもあり、励みなのだ。

これは企業だけでなく、あらゆる団体・組織に通じることではあるまいか。「血の通《かよ》った組織」とはそういう組織をいうのだろう。

「ほめて育てる・叱《しか》って育てる」という言葉があるが、叱らなければならないときも、ただ叱ればいいというものではない。

阪神大震災で「千房」は二店舗、被害にあった。とくに神戸では「千房」が一階に入っていたビルが潰《つぶ》れ、手の施《ほどこ》しようもないほどだった。その日、平成七年（一九九五年）一月十七日はちょうど三連休の翌日で、金庫の中に売上金が入ったままだった。

売上金は約三〇〇万円。のどから手が出るほど必要なお金だが、いつまたビルが崩《くず》れるかわからない。お金を取り出すために無理して店に入り、けがをしたり、ましてや命を落とすようなことがあっては絶対にならない。

さっそく災害対策本部を設置した。その席上で私は全従業員の安否《あんぴ》を確認したあと、幹部を集めてこう厳命した。

「売上金は欲しいけど、いつ二次災害が起きるかわからない。だから一切出入りしてはならない。出入りするときは私の許可を得ること」

ところが、そう命じたその晩に、ある幹部が単身、オートバイで現場に乗りつけ、金庫の中から売上金を取り出してきたのである。

「社長があれだけ『行くな』いうたのに、なんで行ったんや。一人だけええカッコするのか」

上司はカンカンになって怒《おこ》った。私もみんなの前で、「無断でなんで行ったんや、アホか！」ときつく叱った。が、そのあとで、そっと彼を呼んでお礼をいった。

「僕の気持ちわかってくれてたんやな。よう取ってきてくれた。ほんまにおおきに。助かったわ」

叱られたときは、せっかく会社のためにと思って危険を冒《おか》して売上金を取ってきたのに、と心外そうな顔をしていた幹部だったが、私がそういうと、彼はうれしそうに「すみません」といって顔をくずした。

全体に対する「しめし」として、みんなの前では叱っても、本人の気持ちを考えてフォローする。そういう配慮《はいりょ》と人間味が中心者になければ、部下は「この人のためなら」と思ってくれない。

いまも忘れられない母の無言の「励まし」

ほめるには、直接ほめるより、陰《かげ》でほめたほうがいい場合がある。そのほうが直接いわれるより真実味があり、インパクトがあるからだ。俗《ぞく》にいう「陰のほめ言葉」である。

私の経験でも、「彼、このごろようなったな」と周りにいうと、それまではそれほどでもなかったのが、私がそういっているということが伝わった瞬間から、劇的に変わった従業員がいる。

ところが人間、往々《おうおう》にして逆のことをしがちである。本人の前では体裁《ていさい》のいいことをいいながら、陰で悪口をいうのである。陰口をいっている自分自身が、「あいつ、あんなやつやったんか」と思われているのも知らないで――。

まだ従業員が少ないとき、ある店長が「社長、部下がこんなことというてます」といってきたことがある。

「それで、キミはどう思うの？」

そういう場合、いってくる本人もまたそう思っている場合が多い。

「いや、私はそうは思いません」

「それは、ウソや」

「どうしてですか？」

「キミがそう思わへんのやったら、その話はキミのところで終わってるはずや。僕のところまで上がってくるということは、キミもそう思ってるということやんか」

世間には人の悪口を手柄話《てがらばなし》のようにしていう人がいる。そういう人にかぎって、話に尾ヒレをつけ、自分の感情というコショウを振りかけていいふらすものである。そんな話を耳にしたとき、いってくる相手に私はこう反問している。

「おまえ、それ、見たんか？」

「いや、見てない。聞いたんや」

「そんなこと人にいうたらあかん。見てからいいなさい」と。

励ますにはモノやお金を介《かい》したほうが「心」が伝わる場合もある。

丁稚奉公に出たとき、たまに日帰りで実家に帰してくれたことがあった。あるとき、「あした、実家に帰らせていただきます」と許可を求め、あいさつすると、大将の奥さんが、「まあちゃん、もらいもんやけど、これ、実家に持って帰ってあげて」と菓子箱を持たせてくれた。

「これ、大将からもろてきた」

私が得意げに差し出したとき、息子が大事にされていることを知って安心したのだろう、母は、「ええとこに勤めてる。大将はええ人やな」といって喜んでくれた。その菓子箱一つが、私たちに対する何よりの、千言万語に勝《まさ》る励ましになったのだ。

いまは人数が多いのでそういうわけにはいかないが、創業当時、私はその経験から、従業員が実家に帰るというと必ず土産《みやげ》を持たせたものである。

これまでの人生で私がいちばん励まされた、いまでも忘れられない母の姿がある。

三つ上の兄が中学を卒業し、丁稚奉公に出たときのこと。兄が父に連れられて家を出た朝、玄関先で見送った母が、部屋に戻ってくるなり、兄が寝ていたまだ温かいふとんの中に手を入れて、声を殺して泣いていた。その姿を私はそっと見ていた。「しっかり辛抱《しんぼう》してがんばるんやで」と願っている母の兄に対する切実な思いが、中学生になったばかりの私にも理解できた。

その母の姿が脳裏《のうり》に焼きついて離れなかった。私は、丁稚奉公に出ているあいだ中、片時《かたとき》もその光景を忘れることができなかった。

この母を悲しませてはならないという思いが支えだった

〈ああ、お母ちゃんはまたああやって、俺のふとんの中にも手を入れて泣いたんやろな――〉

どんなに苦しいことがあっても私ががんばり通せたのは、その母を絶対に悲しませてはならない、期待を裏切ってはならない、という思いがあったからだった。兄のふとんの中に手を入れて泣いていた母の姿が、私に対する何よりもの励ましになったのである。

励まし方、ほめ方にはいろいろあるだろうが、最大の励ましとは、要は「相手を思う心」から出てくるものであるにちがいない。

第十二章　道頓堀の活性化に秘策あり

道頓堀のシンボル・中座焼失とその後の顚末

かつて道頓堀《どうとんぼり》には「中座《なかざ》」「浪花座《なにわざ》」「角座《かどざ》」「弁天座《べんてんざ》」「朝日座《あさひざ》」の五つの劇場があった。「道頓堀五座」である。

道頓堀という街《まち》はいってみれば演芸の街であり、街全体が「劇場」だった。そしてそれに連動して「食」が栄え、共存共栄してきた街だった。（平成十六年一月に「B1角座」復活）

劇場がなくなってしまったら道頓堀はどうなるのか。道頓堀商店会にかかわるようになってほぼ三年、その間、私の頭から離れなかったのは平成十一年（一九九九年）十月に閉鎖されたままになっている旧中座の復興《ふっこう》だった。

その旧中座が平成十四年（二〇〇二年）九月九日、解体工事中に全焼したとき、私は真っ先に法善寺《ほうぜんじ》横丁の復興委員会の委員長をされている「えび屋」の川久保（健明《たてあき》）社長のところに駆けつけた。

火を出した旧中座の所在地は道頓堀一丁目。道頓堀から出した火事で、隣接《りんせつ》する法善寺横丁の二〇軒近くの飲食店が焼けてしまったのである。申し訳なさと、復興を支援したいという思いからだった。

小説や映画の「夫婦善哉《めおとぜんざい》」で知られる法善寺横丁は、道幅《みちはば》三メートル弱。約六〇軒の飲食店が軒《のき》をつらねている。ところが、建て直すときは道幅を四メートル以上に広げなければならないという建築基準法上の制約がある。

ああいう浪花《なに》情緒《わじょうちょ》あふれる街並みは復元できないかもしれない。でも、なんとかして元の姿に戻ってほしい。デモをしてでも復元させたい、という思いでいっぱいだった。

これは法善寺横丁だけの問題ではない。法善寺横丁あってのミナミ（大阪市中央区＝キタと並ぶ大阪の二大盛り場）であり、ミナミあっての法善寺横丁だ――そう考えた私は、親しくさせていただいているミナミ商店会連盟の網干《あぼし》（輝雄）理事長さんにも「ミナミ商店会三八団体で支援しませんか」と申し上げた。

この法善寺横丁の復興問題は、幸《さいわ》いにも「連担建築物設計制度」という、横丁全体を一つの敷地とみなす建築基準法の特例によって路地の幅を変えずに元の姿に近いかたちで復元できた。

全焼した直後の「中座」

ご心配をいただき、温かい激励、支援を寄せていただいた全国のみなさまに厚くお礼を申し上げたい。

ところが、法善寺横丁は復元できることになったのに、旧中座のほうは以前の工事計画のままなのである。以前の工事計画とは、ゲームセンターやパチンコなどのビルを建てるという商業ビル計画である。

そうなれば、もう中座の復興はない。なんとかならないものか。私はその計画を知らされたときから、所有者である東京の遊戯《ゆうぎ》関係の会社に中座の復興を要望してきた。

ただ、持ち主には持ち主の都合がある。この二年間、商店会としてもいろいろなイベントで旧中座前の空き地を使わせていただいたことでもあり、このご時世、採算を第一に考えるのもやむをえないのかな、と半《なか》ばあきらめてもいた。

そうしたときの火事だった。

法善寺横丁の復興に向けられている世間の関心も、やがて旧中座の復興に向けられるにちがいない。いまが最後のチャンスだ。私は再び所有者にかけ合った。

「やはり、ゲームセンターやパチンコのビルを建てられるおつもりですか。中座を復興する気はありませんか」

そう聞くと、「うちにはそういうソフトがない」といわれる。

「それなら、ご安心ください」

私には一つの考えがあった。上方演芸《かみがたえんげい》復興のために、戎橋《えびすばし》に近い旧浪花座跡の特設ステージで、作家の藤本義一《ふじもとぎいち》さんが席亭《せきてい》になって「道頓堀飛び込みステージ」が開かれている。そのステージを新しいビルのせめて一フロアに持ってくることはできないだろうか、という案である。

このステージは、関西演芸協会会長をしておられる桂福団治《かつらふくだんじ》さんから藤本さんに「なんとか道頓堀に舞台をつくれないものか」というお話があったのがきっかけで、日ごろ親しくしている関係で藤本さんから私に相談があり、商店会長という立場上、私が代表して旧浪花座の持ち主にお願いし、設置を了解していただいたものだった。

ちなみに「飛び込みステージ」という名称は、日韓共催のサッカーのワールドカップで道頓堀が飛び込みの名所になったこと（平成十五年の阪神タイガース優勝時には六〇〇〇人以上が飛び込んだ）、年齢・性別・プロ・アマ・パフォーマンスのジャンルを問わず、カラオケ以外ならだれでも無料で出演できることからつけられたものである。

開演は毎週土曜日の午後五時～八時。松竹芸能さんや吉本興業さんなどの協力、道頓堀商店会の後援で平成十四年九月にスタートし、毎回二〇〇人もの方が見にきてくれている。

旧中座の所有者に「ソフトならご安心ください」といったのは、そういう背景があるからだった。

道頓堀はいま、かつての五座に代わって〝カニ道楽《どうらく》〟〝くいだおれ人形〟〝グリコの看板〟などがシンボルになっている。しかしそれらは一企業の「もの」であり、劇場のような公共的なものではない。

道頓堀は一寸法師発祥の地!?

道頓堀に何か公共的なものはつくれないだろうか。そう考えていたときに、たまたま親友の伴さんから耳にしたのが「道頓堀は『一寸法師《いっすんぼうし》』の発祥《はっしょう》の地やで」という話だった。一寸法師は道頓堀川から淀川《よどがわ》へ出て京へ上《のぼ》ったという。

「ほんまかいな?」

最初は半信半疑だった。しかし話としてはおもしろい。そのうちに、あることにハッと気がついた。

《指にも足りない一寸法師、小さな体に大きな望み、お椀《わん》の舟に箸《はし》の櫂《かい》……》

「お椀の舟に箸の櫂」――これはまさに「食」ではないか。

「そうや、ここや、道頓堀や。これは道頓堀の名物にせなあかん。それやったら、お椀の舟をつくろう。道頓堀川を『劇場』にしたらいい」

一寸法師発祥の地・道頓堀で催された「お椀の舟レース」（©太田順一）

そう決めると、私はお椀の舟を滋賀県の造船所に発注をしたのである。

物事は一人では何もできない。けれども、一人から始めなければ何一つできない。予算は一隻《いっせき》八〇万円、二隻で一六〇万円。もしスポンサーがつかなかったら自分で払えばいいと思っていた。

二隻発注したのには理由があった。そのころNHK－BSが平成十四年十一月三日放送の「おーい、ニッポン－今日はとことん大阪府」に取り組んでいた。その番組のなかで「お椀の舟レース」をやったらおもしろいのではないか、と考えたのである。

が、「お椀の舟」を発注したものの、一つ不安があった。NHKで放映されるからにはそれなりの裏づけがなければならない。本当のところはどうなのか――。それが、文献《ぶんけん》を調べると、あるわあるわ、なんと本当の話だったのである。

〈住みなれし難波《なにわ》の浦を立ち出《い》でて　都《みやこ》へ急《いそ》ぐわが心かな〉

江戸時代につくられた『渋川版《しぶかわばん》御伽草子《おとぎぞうし》』に一寸法師が旅立ちにあたって詠《よ》んだという和歌がある。

では「住みなれし難波の浦」というのはどこなのか。『大阪学講座－なにわ国際交流史』(大阪市・大阪都市協会刊)によると、その昔、道頓堀を含むいまの三津寺《みつでら》町から難波《なんば》にかけての一帯が「津《つ》の国・難波津《なにわづ》」と呼ばれていたという。

道頓堀川が掘られたのは四〇〇年前。『渋川版御伽草子』ができたのはその後である。つじつまがピッタリ合っている。

私は自信を持った。「ほんまかいな?」というところから始まった話が、「ほんまや!」になったのだ。

当日、十一月三日午後一時半、ホラ貝と爆竹《ばくちく》を合図に「一寸法師・お椀の舟レース」が始まった。

発着点は戎橋《えびすばし》の下。直径一・八メートル、深さ八〇センチ、重さ二〇〇キロの赤と黒の強化プラスチック製の二隻のお椀に乗り込んだのは、現代の一寸法師に扮《ふん》した道頓堀商店会や宗右衛門町《そえもんちょう》商店会など商店会の代表二人ずつ。二人一組で櫂を漕《こ》ぎ、五〇メートルの地点で折り返す一〇〇メートルレースである。

強い風のなか、参加した六組がすべて完走し、戎橋の上は超満員、川沿《ぞ》いからも盛《さか》んな声援が送られた。

このレースを機に、戎橋の脇《わき》に一寸法師の像を建てる話が持ち上がり、「お椀の舟」を貸ボートにしてはどうかという案も出ている。

また、大阪市と協力して道頓堀川を泳げるようなきれいな川にし、水辺まで降りられるようにしようという計画もある。そうなれば、まさに「道頓堀水上劇場」が実現することになる。

「巨大お好み焼き」に託す大阪人のど根性

大阪名物といえば「お好み焼き」もある。同じ十一月三日のNHK－BSの放送でいちばん大きな反響を呼んだのが、直径八メートルの「巨大お好み焼き」だった。

いま大阪府下のお好み焼き屋は五〇〇〇軒を超えている。大半がいわゆる「パパママ家《か》業《ぎょう》」である。「お好み焼きの日」をつくってイベントをやったり、全店共通のメニューをつくったりできればどんなにプラスになるだろう。みんなが共存共栄していくために、私は以前から組合をつくる必要があると思ってきた。

「千房《ちぼー》さん、十一月三日にお好み焼きを取り上げたいと思うんです。つくってくれませんか」

NHKから話があったのは、そうした考えから、千房などチェーン店五社（千房・とうりゃんせ・ぼてぢゅう・ゆかり・たこばやし）が集まって、とりあえず「上方の粉《こな》文化を考える協議会」を立ち上げて動き出そうとしていた夏の暑いころだった。

「それはおもしろい。やりましょう」

私は二つ返事で引き受けようとした。

ところが、NHKの注文は、直径一〇メートルのお好み焼きを、というとてつもないものだった。おもしろ好きの私もさすがに驚いた。

「でけんのか、でけへんのかわからへんけど、何千万とかかりまっせ」

直径二メートルのお好み焼きを焼いたとき、かかった費用が約八〇〇万円だった。

「みなさんと相談しないと……」

NHKのプロデューサーと同道し、協議会のメンバーにわけを話すと、全員は「うーん……」となったままだった。

しかし、そこでいくら考えたからといって、結論が出る話ではない。私は切り出した。

「いろんなハードルはあると思うのですが、おもろいのかおもろないのか、やりたいのかやりたないんか、どっちかにしましょうよ」

「よっしゃ、ほんならもうやりましょう！」

衆議《しゆうぎ》は一決《いつけつ》した。だが、「やろう」と決めたものの、ハードルは数限りなくある。食材はもちろん、鉄板から、熱源から、衛生管理から、何から何まで特注しなければそんな大きなお好み焼きはつくれない。

しかし、そこはさすがにNHKだった。NHKの肝入《きもい》りもあって、手分けして奔走《ほんそう》した結果、日本製粉《せいふん》、日立造船、栗本鉄工、中山製鋼、熱源はプロパンガスの岩谷産業、そのほか運送会社など四四社による協力体制ができ上がったのである。まさに大阪商人の総力をあげた一大プロジェクトである。

問題は直径一〇メートルという大きさだった。どう工夫《くふう》しても、技術的にも予算的にも手に負《お》える大きさではない。検討に検討を重ねた結果、落ち着いたのは直径八メートルのお好み焼きだった。

それでもNHKの予算は半分も出ない。全社が手弁当での参加、ボランティアである。

吉元弘機《よしもとこうき》（とうりゃんせ社長）実行委員長は、

「大阪のためやったら」「大阪人の意地とど根性を見せたるでぇ！」

といったが、だれもがそんな思いだった。

その思いはネーミングにも表れている。単に直径八メートルの巨大お好み焼きというだけではおもしろくない。そうだ、夢のお好み焼きだ！ そこでみんなで考えてつけた名前が「大阪屋夢八《おおさかやゆめはち》」だった。「大阪商人の夢の直径八メートル」である。

街全体を「劇場」にし道頓堀を活性化する

損得《そんとく》を超えた夢とロマン――。こうして当日、大阪城・西の丸庭園で五〇〇〇人分の史上最大の巨大お好み焼きへの挑戦が始まった。

重さ8トンの鉄板2枚を巧みに使い焼き上げた「巨大お好み焼き」

小麦粉など生地《きじ》の重さ一・六トン、キャベツ四五〇個、卵《たまご》四三〇〇個。重さ八トンの鉄板二枚をちょうつがいでつなぎ、お好み焼きをはさんで五〇トンのクレーン車で吊《つ》り上げてひっくり返す。ソースや青ノリは高所作業車のアームを横に延ばして空中散布。切り分けに使ったのは長さ一〇メートルの特製カッター……。

四時間かけてお好み焼きが焼き上がったとき、見物席からは盛大な拍手と歓声がわいた。三五〇人のスタッフ全員が抱き合って泣いていた。私も感動した。

その後『ギネスブック』で認定されたが、もちろん史上最大、世界一。大阪城をバックに繰り広げられたまさに「人間劇場」だった。

いろいろ苦労はあったが、そのつど、ともかく「やるか」「やらへんか」だけのことだからと、「やるの?」「やる!」、その気合い一本でやってきた。

最大の苦労は特製の鉄板と熱量の加減だった。屋内《おくない》で温度を上げていくのと、屋外とでは全然違う。外気の温度、風速、天候によって大きく左右される。それらの条件をぜんぶチェックし、シミュレーションしながら試運転もした。

焼き上げた五〇〇〇人分のお好み焼きはもちろん無料である。NHKは「当日は七〇〇〇人は来ますよ」といっていた。ところが来場者はなんと三万二〇〇〇人。実際には三万二〇〇〇人でカウンターが壊《こわ》れてしまい、その後は入場制限しなければならないほどだっ

大阪南料飲観光協会による「ミナミクリーンネス運動」

た。

その後、大阪のお好み焼き屋では、「千房」はもちろん、チェーン店各社はどこでも定番として八八〇円で「夢八」を出した。味はそれぞれオリジナル。値段と名称だけが統一された。

「街おこし」というのは簡単ではない。イベントをやったからといって、それが即売上増につながるわけではない。「お椀の舟レース」も「巨大お好み焼き」も大人《おとな》の遊びだといわれればそれまでである。しかし、私はこうしたイベントの一つひとつがいわば「種《たね》まき」だと思っている。

道頓堀も五座があったときは黙っていてもお客さんが来てくれた。それがなくなったいま、「道頓堀に行けば何かやっている」「ハプニングがある」、そういうものが必要だと思うのだ。

もう一つ、はっきりいえることは、いまの時代、何もしなければ間違いなく商店街はすたれていく。みなさんに楽しんでいただけるイベントを継続してやり、街全体を「劇場」にしていけば必ずお客さんは来てくれる。私はその信念で、微力《びりょく》ながらも、これからも道頓堀の街おこしのために尽力《じんりょく》していく決意でいる。

第十三章　「人の心」をつかみ「人の輪」を広げる法

「人」が「人」を呼び「噂」が「人」を呼ぶ

商店街にどうしたら人が集まるか――。三年前、道頓堀商店会会長を引き受けたときから、私はそのことばかりを考えてきた。

平成十四年、道頓堀に人がいちばん集まったのは、日韓共催のサッカー・ワールドカップのとき。そのとき、私たちも警察からフーリガン対策の指導を受けた。

いわく、「トンボリステーション（スーパービジョン）で試合を中継してはいけない」「ビールのグラスは紙コップに替えること」等々、警察の指導は「○○すべからず」ばかりだった。

危機管理は当然だが、でも、私はそれはちょっと違うのではないかと思った。暴《あば》れる人がフーリガンであって、初めからのフーリガンなどいない。過去に暴れたことがある人であっても、道頓堀に来られたら「楽しめた」「おもしろかった」といってもらえるような環境をつくるのが、商人のつとめではないか。

だったら、海外からのお客さまのために観光総合案内所をつくったらどうだろう。そう考えて、私は旧中座前の空き地を借りてテントを三張り立てたのである。

「ウェルカム・トゥ・ミナミ（ようこそミナミへ）――私たちがご案内します」

通訳にあたってくれたのは、私の友人からお願いした四〇人。全員がボランティアである。

道頓堀だけがミナミではない。私は隣の戎橋、宗右衛門町、心斎橋、千日前、道具屋筋、そして黒門市場《くろもんいちば》、アメリカ村、デンデンタウンの商店会にも「テントに来てアピールしてください」と声をかけ、障害者の授産所をやっておられるNPO（民間非営利団体）法人トゥギャザーの中條《ちゅうじょう》桂《かつら》理事長さんにも、「みなさんがつくられた物を販売してはどうですか。テントを提供します」と呼びかけた。

テントに詰める役員には、ビール会社からドリンクを提供してもらったり、道頓堀商店会からボランティアの人たちに無料の食事券を出したりした。

こうして二週間、真っ黒に日焼けしながら、各商店街一丸となってミナミの魅力を懸命にアピールしたのである。

この案内所が大評判だった。

ワールドカップの際に旧中座前に設置された案内所

日ごろつきあいのない人同士でも、一日中一緒にいるとうちとけてくる。

「おっちゃんやおばちゃんが、ただ立っているだけではおもろない。やっぱりワールドカップなんやから、みんなフェイス・ペインティングでもしたほうがええで！」

「そうや、そうや！」

さっそく、フェイス・ペインティング用の画材を買ってきて、お互いの顔に「日の丸」を描《か》き合うと、がぜん雰囲気が盛り上がってくる。とたんに若い女の子が寄ってきた。

「おっちゃん、それ、どこで描いてもろたん？」

「ここや」

「ほんな、うちも描いてもらいたいねんけど」

「よっしゃ、おっちゃん描いたる」

テントの前にイスを持ち出し、向かい合って、ほっぺたに「日の丸」を描いてやる。すると、たちまち数人が並び始めた。

「うちも描いてもらお」「私も！」

気がつくと、長蛇《ちょうだ》の列になっていた。その日だけで一〇〇〇人ぐらいは描いたろう。

私は思った。――ニーズに応えるというのはこのことや！　人は、満足の得られるところに集まるものなのだ。

道頓堀といえば、だれもが連想するのは「飛び込み」だろう。ワールドカップと阪神タイガース優勝と、二年連続騒ぎが続いたから大変だった。

まずワールドカップで、道頓堀川に飛び込んだのは二〇〇四人。一人、二人と数えた人がいるから間違いない。では、どうしてそんなにたくさんの人が飛び込んだのか。私にいわせれば、あれは飛び込むべくして飛び込んだのである。

まず、道頓堀には、前に阪神タイガースが優勝したとき(昭和六十年＝一九八五年)に喜んだファンが飛び込んで話題になったという〝実績〟がある。ワールドカップで日本が初めて勝った。こんども飛び込むだろうという期待があるから、続々と人が集まってくる。人は人が集まるところに集まるものであり、噂《うわさ》になっているところに集まるものである。

一方、テレビ局が戎橋の下のグリーンベルトにカメラを据《す》え、「さあ、どうぞ」とばかりにライトを当てて待っている。

そこへ、警官がマイクを持って、人でビッシリ埋《う》まった橋の上を「飛び込まないでください」と叫んで歩くのだから、もう背中を押すようなもの。「やめとけ」といわれればやりたくなり、「行くな」といわれれば行きたくなるのが人間の心理である。こうしてあの集団ダイビングになったわけである。

ワールドカップの騒ぎが記憶に新しいから、一八年ぶりの阪神タイガースのリーグ優勝は、それ以上の騒ぎになることは目に見えていた。

案の定、優勝が決まった九月十五日は、これに輪をかけ、六〇〇〇人以上が飛び込んだ。そして、残念なことに、ついに死者が出たのである。

さらに日本シリーズで優勝したときには、どれほどの騒ぎになるか、想像もつかない。これ以上の犠牲者《ぎせいしゃ》は、道頓堀のイメージダウンにもなる。そこで私たち商店街では、「飛び込まないで下さい！」の大キャンペーンを展開した。

日本一はダイエーに奪《うば》われたのでセリーグ優勝時のような騒動は起きなかった。タイガースファンの私としては、勝ってもらいたいが、飛び込みは困るという複雑な気持ちで忙《いそが》しく走り回った日々だった。

先入観や既成概念では広がらない「人の輪」

平成十三年まで、道頓堀商店会の最大の懸案は、場外馬券発売所「ウインズ道頓堀」の増改築を認めるかどうかだった。近隣の商店会をはじめ旧南区住民連合町会、ミナミ商店会連合会など周辺の町会、商店会は賛成なのだが、七年間、地元の道頓堀商店会だけが反対してきたのである。

反対の理由は三つあった。一つ、治安が乱れる。二つ、街が汚れる。三つ、客層のレベルが下がる。

私も初めはそういうイメージを持っていた。道頓堀は安全で、安心して見て、食べて、飲んで、楽しんでいただける街でなければならない。

しかし、道頓堀は私たちの商店街であるだけでなく、「ミナミの道頓堀」であり、「大阪の顔・道頓堀」である。周辺の商店街と歩調を合わせ、協力し合ってこそ繁栄がある。

本当のところはどうなのか。会長になった私は、まず実態を認識することから始めた。

そうすると、昔のイメージとは大違いで、大勢のガードマンが配置されるから、開催日のほうが治安がいいし〝迷惑駐輪《めいわくちゅうりん》〟も少ない。街が汚れるという心配も、清掃員が出てきて周辺の商店街まできれいにしてくれる。

あとは客層のレベルが下がる、という問題である。私は役員会で申し上げた。

「みなさん、いまお客さんを選んでいられる余裕、あるんですか。私は『青のテント村』（ホームレスの人の集団居住地）から七〇〇円持ってお好み焼き食べに来てくれはったかて、涙が出るほどうれしい。いまはお客さんを選んでる、そんな時期とは違います。みなさんはお客さん、選んでられるんですか」

「そりゃ、まあ、お客さんやったらどんな人でもええねんけど……」

「そうでしょう」

なかには「補助金をくれたら、賛成だ」という人もいた。

「いや、もうそんな時代ではありませんよ。行政を当てにするんじゃなくて、自立していくことが大事なんちゃいますか」

会員のみなさんにも、思いを手紙に託《たく》して訴《うった》えた。

「『ウインズ道頓堀』は敵ではありません。すでにウインズがあり、増改築です。お互いに共存共栄の関係にあります。円満に一日も早くお互いの発展のために解決したく思います」

その結果、臨時総会で賛否をとると、最後まで反対だった一人を除《のぞ》いて全員が増改築に賛成してくれたのである。

もちろん、道頓堀にはふさわしくない、つくってもらいたくない施設もある。しかし、物事を先入観や既成概念《きせいがいねん》で考え、異文化をすべて排除したのでは人の輪は広がらない。道頓堀をもっと活気のある街にしたい。その思いから、私はいろいろなイベントを企画してきた。

梅雨の季節には、不景気を吹き飛ばせという願いも込めて、「あした天気になあれ」と手づくりのテルテル坊主を各店の軒下《のきした》に吊るし、お客さまにプレゼントしたり、七夕《たなばた》のときは商店街に五メートルの竹笹《たけざさ》を三〇本立て、お客さまに自由に短冊《たんざく》に願いごとを書いてもらえるようにした。

暮れの夜回りもやった。商店会のメンバー二〇人ぐらいで、そろいのハッピを着て、ちょうちんを持ち、拍子木《ひょうしぎ》をたたいて回るのである。しかし、ただ「火の用心」といって歩くだけではおもしろくない。

そこで私はアドリブも入れてみた。

「人《ひと》用心――強引《ごういん》客引き、甘いワナ、チョンチョン（拍子木の音）、人用心」

これがお客さまに大いにウケたのである。おもしろくなければ人は集まらない。

「火の用心――お好み焼いても店焼くな」「コーヒー出しても火は出すな」「巻き寿司《ずし》巻いても火はまくな」

各店の前を通るとき、その店の業態に合わせてそういいながら歩くのである。「おもろい！」といって、あとをついてくるお客さまもいた。

人間関係の希薄さが招く顧客の減少

全国的に商店街が疲弊《ひへい》している。大型スーパーやコンビニの進出が大きな原因だという。しかし私は、そういう考え自体が間違っているのではないかと思う。つまり、そもそも商売のやり方が違うのだ。

スーパーやコンビニがやっているのは「販売」であり、私たち商店街や市場がやっているのは「商《あきな》い」である。

「販売」で問われるのは品数と品質と価格で、人間的なふれ合いはいわばどうでもいい。店員が一言《ひとこと》も口をきかなくても、客としては不自由だとも思わない。

地域密着型の商店街や市場はそうではない。極端にいうと、魚屋さんであれば、お客さんから「サバちょうだい」といわれても、「奥さん、きょうはサンマにしときなはれ」と、ときには客の注文まで変えて売ることもある。そこにはお互いの信頼関係があるわけである。ほ
もっというと、「タイください」といわれたら、「なんかオメデタ、あったんですか。ほんなら、この魚も持っていきなはれ」というようなコミュニケーションがあり、地域の情報をそこで共有しているのが市場、商店街なのである。

大企業は資本で勝負、中小企業は専門で勝負、零細《れいさい》企業は小回りと人間関係で勝負する。その人間関係が希薄《きはく》になれば、お客さんが減るのは当然ではないだろうか。

その見本が行政である。前章で紹介した「一寸法師・お椀《わん》の舟レース」で、道頓堀川を使うにあたって、とある役所と折衝《せっしょう》したときにつくづく感じたのは、役所というところがいかに不親切なところかということだった。

お願いに行くと、「あそこは、どなたさまにも貸していません」、たとえＮＨＫの番組であろうと許可できない、という。

一度や二度断《ことわ》られたからといって、それで引っ込むような私ではない。

〈待てよ、いままでに道頓堀川を使ったところはなかったやろか〉

いろいろ探ってみると、申請の仕方を変えれば許可がおりるという。そのルートで再度申し入れてみると、何とこんどは一発でＯＫが出たのである。

そのときの役所の担当者のいいぐさがふるっていた。

「中井さん、ええルート見つけてきはりましたねぇ」

〈ええ加減にせえー！〉

正直、私は思った。

だれのための行政なのか。「こういうルート行きはったらできまっせ」と教えてくれるのが行政の仕事ではないのか。大きくいうと、日本の社会が停滞《ていたい》している原因は、そういう不親切きわまるお役所仕事にもあるといっても過言ではない。また、行政は「集客都市・大阪」といいながら、一方では規制をかける。その仕組みに「矛盾《むじゅん》」が生じているのではないかと思うのだ。

「だれのため」ということでいえば、道頓堀商店街では、私たちの「道頓堀商店会」と隣《となり》の「道頓堀商店会連盟」を一つにして法人化しましょう、という話が進んでいる。お客さまから見れば、御堂筋《みどうすじ》から堺筋《さかいすじ》までは同じ道頓堀である。それが、私たちが勝手に線引きしているために、さっきの七夕にしても夜回りにしても商店街の途中でプツンと切れてしまう。

「これ、お客さんにすればおかしいですよね。一緒にやりましょうよ」

私たちのほうから話をもちかけたのである。

お客さまの立場に立ってみれば商店会が二つに分かれているほうがおかしな話で、ゆくゆくは道頓堀をアーケードにしようという夢のような話も不可能ではなくなった。

考え方を変えれば敵も味方になる！

あるとき、私の近しい人がある地方選挙に立候補したので街頭演説をのぞきに行った。行くと、商店街の四つ角に遊説《ゆうぜい》のスタッフが張りつき、お店の前に人垣ができている。これでは迷惑《めいわく》するだろうと思い、私はお店の主人らしい人にあいさつをした。

「すみません。ご迷惑をかけますが、五分ぐらいで終わりますから」

すると、「おまえ、関係者か？」という返事が返ってきた。

「……まあ、そうですが」

「昨日《きのう》、おまえのとこの応援のオバハンに文句いうたら、『ほな、あんたとこの商品かて、通りに出とるやないか』といい返しよった。そんないい方ないやろ。だれがおまえらに一票入れたるかッ！」

大変な剣幕《けんまく》である。

「そんなん、あったんですか。ようういうときます。大変、迷惑かけましたな」

そういって店を出ようとしたときに、ハッと気がついた。

「おっちゃん、悪いけどね、並んではる前の人たち、みんなあんたのお客さんでもあるんちゃうのん？」

そういいそうになったのを、私は飲み込んだ。

応援団のおばちゃんもおばちゃんなら、店の主人も主人である。世の中、敵みたいな人は一人もいない。考え方をちょっと変えれば、みんな自分たちの味方にもなれば、客にもなるではないか。

そのうちに候補者の演説が始まった。ところが、話はすばらしいのだが、足元に紙くずやタバコの吸い殻《がら》などが散乱している。私は話よりもそっちのほうが気になった。口でどんなにいいことをいっていても、ゴミに囲まれて演説したのでは説得力がない。

ただ、候補者に近しい自分が拾《ひろ》ったのでは、これみよがしになる。そう思って、スタッフの人にそっと耳打ちして頼んだ。

「悪いけど、あれ、掃除してくれへんかな？　いまだけと違う、これからもそうや。どこ行ったかて、演説するときは周辺五〇メートルぐらいは掃除するようにしたら？」

私は道頓堀商店街を歩くとき、ゴミが落ちていれば必ず拾おうと心がけている。快適な街でなければお客さまは来てくれないからである。飲食店は清潔が「命」なのだ。

以上、どうしたら人が集まるか、私自身の小さな体験を通して述べてきたが、最後に、私は商店会のみなさんに次のような「人が集まる十カ条」を呼びかけている。

1「人が集まるところに」人は集まる。
2「夢の見られるところに」人は集まる。
3「噂になっているところに」人は集まる。
4「良いもののあるところに」人は集まる。
5「快適なところに」人は集まる。
6「満足の得られるところに」人は集まる。
7「自分のためになるところに」人は集まる。
8「感動を求めて」人は集まる。
9「人の心を求めて」人は集まる。
10「自分の存在感を認めてくれるところに」人は集まる。

さて、みなさんのところは、どれだけこの「十カ条」に当てはまっているだろうか。

第十四章　大阪の底力は「人情」にあり！

大阪の人づきあいは「会うたが因果」

　大阪には歴史、文化、芸術など全国に誇《ほこ》れるものがいくつもある。そのなかで最大のウリといえば、私はなんといっても「人情」だと思う。作詞家のもず唱平《しょうへい》先生からこんなことを聞いた。

　大阪には「会《お》うたが因果《いんが》」という言葉がある。あなたと出会ったのも何かの縁《えん》でしょう、もうあなたとはよいときも悪いときも離れられない、という意味である。

「人に世話になることも大事やねん」ともいう。お世話になったら返さなければいけない。それによってその人との固い絆《きずな》ができる――。

　私も大勢の方のお世話になってきた。なかでも忘れられないのは、前にも書いたが、昭和四十八年（一九七三年）に千日前に初めて「千房」をオープンしたとき、八〇万円しか預金がないのに無担保で三〇〇〇万円を融資《ゆうし》してくれた、三福《さんぷく》信用組合の佐藤龍治《たつじ》理事長である。

三〇〇〇万円に加えて、ネオンサインをつけるために八〇万円の追加融資をお願いしたのは、オープンしてまもなく、店がはやらず悪戦苦闘していたころだった。

理事長は、最初は会ってもくれなかった。二回目に会ってくれたとき、「前の分の返済が少しもできてないのに、追加融資とは何事か」と叱《しか》られた。

でも、私はあきらめなかった。三回目、またお願いに行った。

「理事長さん、なんとかお願いします。どうしてもネオンサインが必要なんです」

味は悪くないし、接客もきちんとやっている。その自信はあった。ただ、いかんせん認知度が低い。「千房《ちぼー》」なのに「ちぶさ」と読まれる。立地条件はいいのに、ネオンサインがないために店がまったく目立たない。私はそういう事情を一生懸命に説明した。だが、だめだった。

それでも私は四回、五回と通い続けた。五回目のとき、私は思わず捨てゼリフを吐《は》いてしまった。

「八〇万円貸してくれはらへんかったら、三〇〇〇万円も返せませんせん」

「キミ、脅迫《きょうはく》するのか」

理事長は一瞬、顔色を変えた。

著者が30年間お世話になった三福信用組合の佐藤龍治理事長

「そうじゃないですか。このまま行ったら店は潰《つぶ》れてしまいます。ネオンサインつけられれば、私、絶対に自信があります」

必死の思いが通じたのだろう（そのときはそう思っていた）、最後に理事長は「わかった。持って行け」といってくれたのである。

なぜ三〇〇〇万円に加えて追加融資をしてくれたのか、後日、店が軌道に乗ってきたとき、理事長は理由を明かしてくれた。

一つは、前にも書いたように、私が丁稚《でっち》時代から金銭出納帳《すいとうちょう》をつけていたこと。もう一つは、私の母と妻の両親のことだった。

「私はキミのお母さんに会うた。キミの奥さんの両親にも会うた」

昭和四十二年（一九六七年）、長居《ながい》に店を開いたときから信用組合の旅行積立貯金に入っていた私は、ある年、母と妻の両親に北海道旅行をプレゼントした。その旅行に同行していた理事長は、旅の途中、どんな親かじっと観察したという。

そして理事長は、「あんまり大きな声でいわれへんけども、これがけっこう当たるねん」といいながら、融資するかしないかを決める判断材料の一つとして、実家が健在かどうか、本人が実家とつながっているかどうかを重視している、ということを明かしてくれたのである。

「木でいうたらキミは『枝』や。『根』は実家やねん。この『根』がへたったらあかんねん」父を早く亡くしていた私は、丁稚奉公に出ていたときも、独立してからも人一倍母を大切に思ってきた。母から「政嗣《まさつぐ》、塀壊《へいこわ》れてんけど」という話があれば、何をおいても普請《ふしん》した。私の実家は決して裕福《ゆうふく》ではなかったが、理事長はそういうところも見ていたのである。

その話を聞いて私はハッとした。と同時に、「人」を見るうえでの重要な物差しを教えてもらったような気がした。

道頓堀で活躍しておられる方には地方出身者が多い。「がんこ寿司」の小嶋淳司社長は和歌山県出身、「くいだおれ」の山田昌平社長、「かに道楽」の今津文雄社長はともに兵庫県城崎《きのさき》出身、私は奈良県出身である。

みなさんに共通しているのは、外食産業という仕事柄、外見は派手《はで》なように見えても生き方は徹底して謙虚《けんきょ》で地味なこと、それと実家を大切にしていること。田舎者《いなかもの》の集まりという点では東京も同じだろうが、大阪とくに道頓堀の人は自分の「根」を大切にしておられると思う。

その理事長が、自分の経営理念についてこんな話をしてくれたことがある。

「中井君、商売というのはな、もし本人があかんかっても子どもがいる。孫がいる。いまはサービス過剰で損しているように見えても、子どもが『おやじが世話になった』、孫が

『おじいちゃんが世話になった』ということで長いつきあいができるやないか。子どもや孫ががんばれば、損したようでも得するんや」

一〇〇年先まで残る財産、それは「人財」

昔を懐《なつ》かしむわけではないが、それに比べると、いまの銀行は「人」も見ず、「未来」も考えず、担保がどう、実績がどうと過去の数字しか見ていない。銀行は本当に世の中のためにあるのか、企業を育てるためにあるのかと思いたくなる。役割を見失っている。

ところが、世の中、無情だと思うのは、その信用組合が平成八年（一九九六年）にバブルの崩壊《ほうかい》とその後の不況のあおりを受けて倒産してしまったのである。

何千件という取引先があっても、倒産すれば縁はすべて切れてしまう。それが世情というものである。けれども、私は「千房」の事務所に理事長（私はいまでも理事長と呼んでいる）の席を用意した。

いくらお世話になったといっても社長は人がよすぎる、と思った役員もいたようだが、開店したときの三〇〇〇万円の融資といい、八〇万円の追加融資といい、阪神大震災で経営危機に陥《おちい》ったときといい、苦しいときに助けてもらい、三〇年間お世話になってきた方である。自分の心情として、私はそうしないではいられなかった。

また、理事長の席を置くことが、「人の情け」に報《むく》いることの大切さを教える、無言の社員教育になると思ったのである。

が、縁というのは不思議なもので、高齢のために一線を退《ひ》かれた理事長に代わって、いまはその息子さんとのつきあいが始まっている。

きっかけは、息子さんが「うちのおやじがお世話になりまして」と、お礼かたがたあいさつに来られたことだった。

「いや、こちらこそ。ところで、いまどんなお仕事しておられますの」

「東京で、こんなことを……」

東京大学を卒業して、ある有名な企業で〝システム再構築〟の仕事をしているという。

「なら、うち、見てくれません？」

「千房」はその後、経営改革をしたが、その体系をつくってくれたのが理事長の息子さんだった。

「千房」を興《おこ》したときから、同郷の大先輩のある創業者から「企業は三代（約一〇〇年）もたない」とよく聞かされていた私は、自分の時代に一〇〇年先まで生き残るものを残さなければ、と考えてきた。

お金は使えばなくなる。不動産は三代目には相続税などでほとんどゼロになる。では残る財産は何か。私が思いいたったのは「人財」だった。その大先輩からはこんなこともいわれた。

「政嗣さん、お金ほしいやろ。お金ほしいときにはな、人を追うんや」

理事長もいっていた。子どもが「おやじが世話になった」、孫が「おじいちゃんが世話になった」ということで長いつきあいができるやないか、と――。それには「会うたが因果」、縁ある人との人間関係を徹底して大事にしていくことだ。

二代目、三代目にどんなバトンを渡すのか。私だけでなく、私たちの世代に問われているのはこのことではないだろうか。

人生八〇年――年齢は「六掛け」

大阪商人《あきんど》の原点は船場《せんば》（大阪市中央区の商業・金融問屋街。江戸時代から活躍の「船場商人」で有名）の丁稚制度にあると思う。

「どうかこの人間を一人前の商売人にしてください」。給料や待遇なんて、どうでもいい。そのかわり〝住まい〟と〝食〟だけは与えてやってください、というのが丁稚制度で、そこには雇《やと》う側にも雇われる側にも、人間として「どう育てる」か、「育ててもらう」かという明確な理念と目的があった。

それがいまは、のっけから、知識も能力も何もないのに、「給料なんぼでっか？」「休日

丁稚奉公時代が著者の原点。19歳のとき

は？」「福利厚生は？」と聞いてくる。

自分がどういう人間になりたいのか。自分の子どもがどんな人間になってほしいのか。肝心な点は思案の外で、親もまた最大の関心事は給料はどうか、休みはどうかという点になってきている。

「千房」でも以前は就職の面接についてくる親がいた。親がいろいろ聞きたがるので、私は「それでいいんですか」といったことがある。

それでいいんですか。それなら私も楽です。なぜならお母さんが質問されることに答えるだけですみますから。それより、給料も待遇も聞かれないで、どんな能力をもっているのか、どんな努力をするかわからないのに、「どうぞ、うちの息子を一人前の人間にしてください」と頼まれるほうがよっぽど責任が重い。お母さんが求められることは、一人前の人間にしなくてもいいということですから、私は気が楽です――。

そういうところから考えると、いまはあまりにも早く結果を求めすぎているのではなかろうか。

かつては給料も待遇も結果だった。ひたすら旦那《だんな》さんに、番頭さんに、また何よりお客さまに喜んでもらうために、社会のお役に立つために、という思いで働いた。だから周りも、学歴でも能力でもなく、一生懸命に働いている人を応援した。古いといわれるかもしれないが、そういう大阪の「心意気」みたいなものが、何か最近欠落してきたような気がする。商売は「損して得とれ」という。人に喜んでもらい、「人をおぶって」というものが先にあり、その人間関係・信頼関係のなかで結果として得をする。それが大阪商人のやり方であり、生き方だった。

東京の人は高く買ったことを自慢する。大阪の人は安く買ったことを自慢する。値段がわかっていても「ほんまはいくらですか」と聞いてくる。一方、売るほうも、最近は少なくなったが、「おばちゃん、何でも無理いうてや」と声をかける。

そういうやりとりのなかで親しみを感じ、信頼感が生まれ、客は買い得をしたように思い、商人は儲《もう》けさせてもらってきた。互いに人情が行き来した。

それが、いまは得をする、儲けることが先になっている。だから姑息《こそく》な小手先《こてさき》のやり方ばかりになってしまうのではないだろうか。

たしかにいまと昔では時代が違う。先輩がやってきたとおりにはいかないかもしれない。〝ハウツー的〟には参考にならない点もある。しかし生き方ということに関しては、私は多くの学ぶべき点があると思う。

人生八〇年。昔の「人生五〇年」に比べれば「六掛《が》け」（六割掛け）にしてちょうどいい。自分の年齢にごまかされてはいけない。六十歳といっても昔ならまだ三十六歳、四十歳なら二十四歳である。

「そうや、自分はまだまだ子どもや。そんならもっと年配の人のいうことを素直に聞いたほうがええ」――この大阪の伝統は脈々と受け継《つ》がれていかなければならないと思うのだ。

道頓堀川は水都・大阪の大切な財産

大阪市の平成十三年(二〇〇一年)の調査によると、道頓堀川のCOD(化学的酸素要求量=河川などの水質汚染度《おせんど》)の濃度は五万三〇〇〇ppmで、ちなみに屎尿《しにょう》の濃度は三万ppm。平均の約二倍のひどさだという。いまだに下水が二八本も流れ込み、透明度はわずか五〇センチ、水深五メートルの川底にはヘドロが積もりに積もっている。

そんな川に飛び込んだら、目や耳や鼻をやられたり、下痢《げり》を起こすことは目に見えている。しかもアルコールが入っていれば心臓マヒを起こす危険もある。

飛び込まないようにするにはどうしたらよいか。地元としても市や警察と相談しているが、私は一つには、一時的には道頓堀のイメージダウンになるかもしれないが、汚れのひどさをはっきりと情報公開すること。そしてもう一つ、みんなで阪神タイガース優勝の喜びを分かち合える、〝飛び込み〟に代わるものはないものかと、必死に考えてきた。

より根本的な問題は川の汚《よご》れだ。大阪府が平成十五年九月に予算をつけて水質浄化に乗り出したというが、なぜもっと早く取り組まなかったのだろうか。

真っ先に動いたのは、直接利害のある私たち地元だった。

道頓堀商店街と岐阜市の柳ケ瀬《やながせ》商店街振興組合連合会の交流の話が持ち上がり、平成十五年五月、柳ケ瀬のみなさんが来られたときのこと。岐阜といえば長良川《ながらがわ》、長良川といえば鵜飼《うかい》である。道頓堀を劇場化しようということで、いま河川敷に遊歩道を造る工事が進んでいる。（平成十六年秋一部完成予定）

〈そうや、道頓堀川で鵜飼をやったらどうやろ〉

そう考えた私たちは、イベントとして鵜飼船ができないかと相談を持ちかけた。ところが、返ってきた返事はにべもなかった。言下に、「そんなことしたら、鵜、死んでしまいます」といわれてしまったのだ。

水質がCランクからBランクになったというので安心していたのだが、そういえば平成十四年のワールドカップのときに飛び込んだ人たちが目をやられている。実際のところはどうだろう、と思って調べてみると、実態は前述のような結果だった。

遊歩道を造っても川が汚《きたな》ければ何にもならない。私たちはさっそく、道頓堀川を管理している大阪市に水質の浄化を申し入れた。国土交通省にも陳情《ちんじょう》した。大阪府と大阪市が水質浄化の予算をつけることを発表したのはその後のことである。

平成十五年七月、大阪市が川の掃除を行ったのも、「市が水質浄化をやってくれへんのやったら、地元でやらせてください」と申し入れてからだった。

なかには「中井さん、なんでそんな、一生懸命ならはりまんのん？」という人もいる。でも、私たちが守らないでだれが守るのか。道頓堀川は水都・大阪の財産やんか！　私はそう思うのだ。

大阪の街づくりは、かつては民間が行政をリードしてきた。道頓堀を掘ったのは安井道《やすいどう》頓《とん》（安土桃山・江戸前期の大坂町人）だった。中之島（大阪市北区）の中央公会堂を寄付したのも民間だった。そのほかにもたくさんある。そこには、街の発展なくして自分たちの繁栄もないという理念があった。

いまは行政主導型になっているが、もう行政を当てにしている時代ではない。行政にサポートしてもらいながら、自分たちの街は自分たちの手でよくしていく以外にない。私など先人とは比較にもならないが、三〇年先、五〇年先、一〇〇年先の大阪のために自分なりにできることを精一杯やりたい――私にあるのはその思いだけである。

最後に一言つけ加えれば、大阪はやはり元気でなければ大阪ではない。天神祭《てんじんまつり》の「どんどこ船」が毎年威勢《いせい》よく鉦《かね》や太鼓《たいこ》を打ち鳴らす。大阪が元気になって、日本全体を引っ張っていく。大きくいえば、それが私たち大阪人の「ど根性」だと思う。

第十五章　子育てに「方程式」はない

子どもを本気で叱るときは「背景」が必要

私には男の子ばかり三人の子どもがいる。いまはみんな社会人になっているが、非行もいじめも自分の子どもで経験してきた。

「お宅はお子さんにお小遣《こづか》い、なんぼやってはるんですか」

長男が中学生のころ、私の留守中に学校から電話がかかってきた。

妻が「二〇〇〇円ですけど」と答えると、「お子さんが、友だちに一万円札バラまいてはります」といわれたという。

驚《おどろ》いて学校から帰ってきた長男にただすと、私の財布《さいふ》からくすねていたのだった。

私は財布を背広の内ポケットに入れたままハンガーに掛けていた。そこからときどき一枚ずつ抜き取っていたらしいのだ。

私は子どもを叱《しか》る前に自分を反省した。お金を盗《ぬす》む子どもは悪いに決まっている。けれども、そういう環境をつくっている親のほうがもっと悪い。以後、財布はカバンの中に入れ、家に帰っても鍵《かぎ》をかけたままにしておくことにした。

妻と二人だけの生活になったいまでも、妻に「私まで疑《うたが》うの？」といわれるほど、それが習慣になってしまっている。

「お父さん、一宏《かずひろ》がタバコ吸うてる！」

夜遅く帰宅した私に、妻が青い顔をしていってきたのもそのころだった。一宏というのは長男である。いわれて長男の机を開けてみると、タバコが入っている。

「おい、起きろ！」

私は寝ていた長男をたたき起こすと、クルマに乗せて近くの大和川《やまとがわ》（大阪府堺市《さかいし》）の河口まで連れて行った。こんどは厳しく叱らなければいけない、と思ったのである。

前日の大雨で川幅《かわはば》いっぱいに濁流《だくりゅう》が流れているのが夜目《よめ》にもわかる。

私はポケットから机の中に入っていたタバコを取り出していった。

「タバコ吸え」

「いらん」

「おまえ、昼間、タバコ吸うてるんとちゃうんか」

「吸うてへん」

「ウソつくな。タバコ吸うてんのやろ。吸うんやったら、俺《おれ》の前で吸うてみぃ！」

それでも、長男は吸っていないといい張る。

「いうてわからんやつは、どつかなあかん。俺はおまえをどつくさかいに、歯、食いしばれ！」

愛の鉄拳《てっけん》とはいうが、自分の子どもを殴《なぐ》らなければならないことほどつらいことはない。

「二度と吸うなよ」

殴ったあと、一言そういうのが精一杯だった。

大和川まで連れ出したのにはわけがあった。私は子どものころ、父親に叱られるときはいつも庭の樫《かし》の木にくくりつけられたものだった。あとで必ず母が助けにきてくれるのだが、いまではそれが忘れられない思い出になっている。

その自分の経験から、子どもを本気で叱るときは日常性から抜け出る必要がある、脳裏《のうり》に焼きついて離れない背景が必要だと思ったのだ。

「もう一回、大和川へ行こか」「また大和川へ行かなあかんな」

その日から、長男がタバコに手を出している気配《けはい》を感じると、私はそういった。

「いや、それは……。もうやめますから」

二人のあいだでは、「大和川」というだけで通じたのである。

第三者の力を借りることもあっていい

しかし、長男の非行はすぐにはやまなかった。そのうちに、親が学校から呼び出しを受けるまでになってしまった。

叱ったり、すかしたり、殴ったり、さんざん手を尽くしたがいっこうにならない。どうしたらよいか思い悩んだ私は、思い切って堺東《さかいひがし》警察署の少年補導課に相談に行った。

相談にのってくれた警部さんがいい人だった。

「中井さん、こんどの日曜日、私おりますから、子どもさんを連れて遊びにきてください。で、私と中井さんは友だちということにしておきましょう」

そういってくれたのである。日曜日、三人の子どもを連れて行くと、警部さんは待っていてくれた。

「おー。中井さん、来てくれたんかいな。おっ、みなええ子どもやんか」

打ち合わせどおりの演技である。

「キミが長男か。いうとくけどな、僕はお父さんと昔から友だちやからな。キミらがおかしなことしたら、僕の顔に泥塗《どろぬ》ることになるさかいに、ぐあい悪いねん」

そういうと、警察手帳や手錠《てじょう》を取り出して、「悪いことすると、これでガチャっていくねんぞ」と実演してみせたり、パトカーを前に、「これがウーいうて鳴るサイレンや。こんなとこ乗ったらあかんで。お父さんと友だちやから、キミのやってることはツーカーやからな。頼むで」と諭《さと》したりしてくれた。

「おい、大丈夫か。俺、東警察の友だちに電話せんでもええか？」

その後はときどき、長男にそういったりしたが、電話をしなければならなかったことは一度もなかった。その日を境《さかい》に長男の非行はピタッとなおったのである。

自分の子どもの教育というのは本当にむずかしい。親の力ではどうしようもないときもある。私の経験からいって、そういうときは周りの人の力を借りることも大切だと思う。

親がいくらすばらしいことをいって聞かせても、子どもは聞く耳をもたない場合がある。一方、同じことを第三者がいうと、子どもは案外素直に受け止めたりするものなのだ。

長男のことで忘れられないのはもう一つ。高校生のころ、門限を守らないことがときどきあった。

大阪市では夜十時に「澪標《みおつくし》の鐘《かね》」が鳴る。「子どもは寝る時間ですよ」と知らせる鐘である。わが家でも門限は十時と決めていた。

だが、「門限を守れ」というと、「いまどきそんな家あらへん。十時いうたら、いちばん盛り上がっているときや」と口をとがらせる。

「よそはよそ、うちはうちや。ルールは守らなあかん。十時過ぎても遊びたかったら、いったん十時に帰ってこい。そうでないと親は心配する。行きたかったら、それからまた出て行ったらええ」

一方的に押しつけるだけでは反発する。私は一歩譲《ゆず》った。

「一回、帰ってきたらまた行ってもええの？」

長男もそれなら悪い話ではないと思ったのだろう、承知した。

ところが、一度家に帰ってくるとシラけてしまうのか、また出かけて行こうという元気が出てこない。

〝十時いったん帰宅作戦〟は、まんまと成功した。

それでも、十時を過ぎても帰ってこないときがあった。電話をかけてきて、友だちの家に泊まるという。

「そこ、どこの家や？　電話番号は？」と聞くと、「そんな、なんで言わなあかんの」と文句をいう。

「いや、泊めてもらうんやったら、親として先方にお礼の電話せないかん。お願いもせなあかんしな」

「いまどき、そんな親どこにもおらへんわ」

中井夫人と三人の子息たち。左から次男、長男、三男（平成２年）

しかし私は妥協《だきょう》しなかった。

「せやから、世の中めちゃくちゃになったんや。自由とか平等というけど、ルールを守ってこその自由、平等や。おまえは自由かしらんけど、親を心配させて親の自由を束縛《そくばく》してるんや。おまえにも自由があるけれど、親にも自由がある」

明らかにウソをついているとわかっていても、妻はいわれた友人の家に電話した。絶対に妥協しないという姿勢を示すことが大事だと思ったのである。

その長男はいま、大学を出て三年間銀行に勤めたあと「千房」に入り、後継者として修行中である。中学時代から私に反発し、「千房」を継ぐことについても「そんなん、知らん」といっていた長男である。親としてこれほどうれしいことはない。

子どものSOSに親はどう対応するか

三人の息子のなかでは、次男が気立てがやさしくおとなしい。その次男が中学二年のときにいじめにあったことがあった。

妻から会社に電話があって、学校から帰ってくるなり下痢《げり》をし、何を聞いても答えないという。私は早めに帰宅すると、次男と二人だけになって聞いた。

「どうしたんや？　何いうても怒らへんから、ほんまのこといえ」

怒らないと聞いて安心したのだろう。ポツリポツリと話し始めた。いじめた相手はクラスの三人。給食の時間にお茶にチョークの粉《こな》を入れて飲ませられたという。

「そうか、わかった。お父さんがついているから、大丈夫や」

翌日、妻はおろおろしていたが、私は次男のあとを追うようにして学校に行った。職員室に寄ってみると、二時間目の授業の最中で、クラス担任の女性の先生が国語を教えているという。

「おはようございます。中井の父親ですが」

教室に入って行くと、子どもたちが「中井君のお父さんや、お父さんや」といって囃《はや》し立てる。

「何かあったのですか」

先生がいぶかしげにいわれた。

「いや。授業参観させていただけませんか」

いじめのことを話すつもりで学校に出向いた私の、咄嗟《とっさ》に口をついて出た言葉だった。

「どうぞ、どうぞ」

仕事に追われていた私は、子どもの授業を観《み》るのは初めてだった。

教室の後ろに立って見渡すと、「あっ、この連中やな」と一目《ひとめ》でわかる生徒が三人いた。

というのは、三人の机の上には教科書もノートも何ものってなく、ぺちゃくちゃおしゃべりしているのである。

それでも先生は慣れているのか注意することなく、授業は進められている。

私はそのうちの二人のところに歩《あゆ》み寄って静かにいった。

「教科書、出しなさい」

二人は一瞬ビクッとし、次いで、にらみつけるような目をして私の顔を見返した。

「教科書出しなさい。授業だから」

もう一度促《うなが》すと、もぞもぞとカバンの中から教科書やノートを取り出し始める。

「しっかり勉強しなさい。先生の話、聞かなあかんで」

それを見ていたもう一人もスーッと教科書を広げ始めた。

後ろに下がってしばらく見ていると、その三人が不安げにたえず私のほうを振り返る。

私はそのたびに大きくうなずき、笑《え》みを返した。

後ろを振り返り振り返りしていた三人が、だんだん振り向かなくなり、先生の話を聞くようになったのを見届けて、私は先生に会釈《えしゃく》して教室をあとにした。

その晩、帰宅すると、私の帰りを待っていたかのように次男が飛んできた。

「お父さん、きょう、ありがとう」

自分のほうから話しかけてくるということがまずなく、私の顔を見るとサッと逃げるようにしていた次男である。私が学校に行ったことがよほど心強かったのだろう。

それから一週間ほどたったころのこと。「最近、どうや?」と聞くと、誇《ほこ》らしげにこういうのだった。

「いま、僕、クラスでえらい人気もんやねん」

「なんでや?」

「僕をいじめてた子らが、なんか周りに、『中井はいじめたらあかん』っていうてくれてんねん」

例の三人が、次男に「中井君とこのお父さんは、ええお父さんや」とほめてくれたという。

それを聞いて、私は息子がいじめにあったことを先生にいわなくてよかったと思った。いじめた子どもたちだって、自分たちがしたことの善悪ぐらいはわかっている。私の姿を見て、「先生に告げ口をしに来たのだろう」と思ったにちがいない。

それが、「教科書を出しなさい。先生の話を聞きなさい」といわれただけだった。そこにいわば男気《おとこぎ》を感じてくれたのだろう。それ以来、次男は見違えるように明るくなっていった。

子どもの成長過程においては、子ども本人だけではどうしようもないこともある。そのときは親が解決してやらねばならないこともある。

何も、たえず子どもと接しているとかいないということではない。親として、子どもがSOSのサインを出したとき、子どもの「何か」が変わったことに気づいたとき、どう的確に対応してやれるかだ。それが親の役目だと思うのだ。

次男は好きな鍼灸《しんきゅう》の道に進み、国家試験を受けて開業したいという夢に向かってがんばっている。

子どもは親の「分身」「合わせ鏡」である

三男にも忘れられない思い出がある。

「どうや、K大の経済学部は？」

大学三年のとき、帰省した三男に聞いたことがあった。東京の私大に行っていたので、どんなことを学ぶのか興味があったのである。

「それ、どういう意味？」

「どういう意味って、勉強どんなことしてんの？」

「あんまり勉強なんかしていない」

アメリカンフットボールばかりやっているという。そう聞いて、私はがっかりした。

「K大って、そんなんか」

「みんなじゃないけど、大半はそんな感じやな」

「じゃあ、進級はどないしてんの？」

「進級なんか、ちゃんとうまいことといける先生がいてるんや」

「それがK大か」

私は許せないと思った。

「おまえ、だれのおかげで大学行けてる思てんねん。中卒や高校中退の『千房』の従業員が深夜まで皿洗いをして、一生懸命に働いている。そのおかげでおまえは大学行けてる。おまえを大学に行かせているだけでも、親として従業員たちに気が引ける。それを勉強せんと、アメフトばっかりやってんねやったら、そんな学校、即《そく》やめてまえ‼」

私は延々と三時間、説教をした。

その後、東京に帰った三男から、こんな手紙が届いた。

「前略　お元気ですか。大学は勉強するところではないといいましたが、いま考えると軽々しく無責任な発言だったと思います。たしかにそういったやる気のない学生はいますが、全員がそういう学生ではありません。だから大学なんて無意味なところだといった偏《かたよ》った見方はしないでください。とはいうものの、あの失言以来、自分ははたして何のために大学に行っているのかと、真剣に自問自答するようになりました。（中略）

だからといって、いま部活をやめて何か資格をとろうという気はありません。とりあえずは、いま興味を持ち始めている経営学を勉強していくつもりです。大学を卒業して本当によかったといえるよう、文武両道がんばります」

〈わかってくれたんやな……〉

私は三男を説教したかいがあったと思った。

業界最大手のN証券に就職した三男は、入社式で代表答辞《とうじ》に選ばれた。スピーチする姿をサテライトで放映された録画で見せてもらったとき、立派に成長した姿に私は涙が出てきた。妻も私の横で泣いていた。

中国に「母賢《けん》なればその子賢なり。父賢なれどその子賢ならず」という言葉がある。三人の子どもが「賢」かどうかは別として、それなりに育て上げることができたのは妻のおかげだと心から感謝している。

私自身も〝自分の子どもを育てられない人間が、人様や会社を育てることはできない〟と自分に言い聞かせながら、社業と子育てに真剣に取り組んできた。

子育てに「方程式」はない。しかし、「愛情」をもって親が真剣に子どもに向かいあえば、子どもは必ず応えてくれる。成長してくれる。子どもは親自身の「分身」、「合わせ鏡」なのだから。

第十六章　妻がいなければ今日の私はない

四畳半一間での新婚生活

妻とは恋愛結婚だった。

丁稚奉公《でっちぼうこう》をしていた乾物屋をやめ、義兄のレストランで働き始めたとき、義兄の縁戚《えんせき》で、岐阜から手伝いにきていた同《おな》い年の娘がいた。それが妻・栄子だった。

店は義兄夫婦のほかは私たち二人だけ。よくある話だが、そのうちにお互いに憎からず思うようになり、同居するようになったのである。

といって、親に内緒《ないしょ》で同棲《どうせい》したのではない。私の父はすでに亡くなっていたので、母と義兄夫婦の許《ゆる》しを得、妻の両親にも了解してもらったうえでの同居だった。

新居は浪速《なにわ》区大国町のアパートの四畳半一間《ひとま》。洗濯機もなければ風呂《ふろ》もない。母から買ってもらった布団《ふとん》と茶碗《ちゃわん》、ミカン箱をちゃぶ台がわりにしての新婚生活だった。まさに歌の「夫婦春秋《めおとしゅんじゅう》」そのもの。

昭和四十二年（一九六七年）、二人で、住吉区長居にてお好み焼き屋を始めたのはその半年後。老夫婦がやっていたお店を受け継いだ。住まいも店の二階に移り、貧しいながらも大志をいだいての、経営者としての出発だった。

ところが、独立したものの、店がはやらず、苛立《いらだ》ちと虚《むな》しさの毎日。夫婦ゲンカが絶えなかった。イライラして些細《ささい》なことで妻にあたる。気の強い妻はプイッと横を向いて二階に上がってしまう。私も妻も二十二歳。お互いに相手を思いやるには、まだ若すぎたのだった。

同棲一年半、ケンカばかりの毎日に耐えられなくなった私は、短慮《たんりょ》にも〈これは別れるしかない〉と思った。周囲からも「あの嫁《よめ》はおまえには合わんで」といわれ、義兄に相談すると、義兄も「合わんかったらしゃあないな」と同意してくれた。

「おまえを実家に連れ戻す」

意を強くした私は、妻にそう告げて本気で別れを決意した。

別れる、といわれて折れるような妻ではなかった。栄子は無言のままついてきた。

「がんばったんですけど、すみません。これ以上一緒にやっていく自信がありません……。本当に申し訳ありません」

岐阜の実家に連れ帰り、頭を下げると、お膳《ぜん》を前に正座して私の話を聞いていた両親は、

栄子夫人と昭和43年（1968年）10月に挙式

黙《だま》ってうつむいたままだった。

だが、夫婦というのは不思議なものである。妻を置いて、早々に帰路についたものの、いまのいままで「嫌《いや》なやつや」と思っていたのに、道々、思い出されるのは二人のいい思い出ばかりだった。

〈ケンカばかりしていたけど、あいつにはほんまに迷惑かけたなぁ〉

小豆《あずき》の相場に手を出して全財産の五〇万円をすったばかりか、数十万円もの穴をあけ、コツコツ貯《た》めてきた妻の貯金を吐《は》き出させてしまったこともある。

〈あいつは働き者で、朝早くから夜遅くまで身を粉《こ》にして働いてくれたのに、別れるやなんて、なんて薄情《はくじょう》なことを俺はしたんや。罪なことしてしもたな〉

そう思うと、涙が後から後からあふれてきた。それでも引き返す勇気もない。義兄の家に寄って報告し、

〈あしたから一人で商売やらんならんな。売上げも少ないさかい、ぼちぼちやるか……〉

そう思いながら家に戻ったのは夜の十一時ごろだった。

が、戸を開けようとすると、閉めて行ったはずの鍵《かぎ》が開いている。電気もついている。

〈あれっ、おかしいな……〉

二階に上がろうとすると、見覚えのある靴がきちんとそろえられていた。私はハッとし

て、一気に階段を駆け上がった。

妻は正座をして待っていた。そして私の顔を見つめると、

「どんなことでもがまんするから、私を返さんといて！」

と、声を詰まらせながらいうのだった。

「よう、帰ってきてくれたな……」

私はそういうのが精一杯だった。

今後どんなことがあっても、妻を追い出すようなことは二度としまい。そのとき、私は固く心に決めたのだった。

実の父親のような存在だった義父

何年かたって、

「おまえ、あのとき、なんで帰ってきたん？」

と妻に聞くと、最初は帰ってくる気はなかったという。

「私、ほんまは帰る気ぃなかってんけど、あんたが帰ったすぐあと、お父ちゃんが私の顔をじーっと見て、『栄子、おまえ、どこへ帰ってきたんや。おまえの帰るとこはここと違う。大阪のあの家や、すぐ帰れ！』いうて涙をポロポロこぼしてん。ほんで私、お父ちゃ

んを悲しませたらあかんと思うて、次のバスで飛んで帰ってきてん」

その話を聞いたとき、私は義父に手を合わせたいような気持ちだった。義父のその言葉がなかったら、いまの私も、三人の子どもも、「千房」もなかったのである。

中学を卒業した秋に父を亡くしていた私にとって、義父は実の父のような存在だった。

こうして心新たに再出発したものの、やはり店は暇《ひま》で暇でどうしようもない。

「お義父《とう》さん、もうあかん。仕事がどうしてもうまく行かへん。僕、もうやめたいと思てるねん……」

思いあまって夜中に電話で泣き言《ごと》をいったとき、義父は「どんだけ赤字なんや？　まだ始まったばっかりやのに、何を泣き言いうてるんや。いったん男が『こう』と決めたら、最後までやり通すのが男やないか」と励ましてくれ、

「がんばってもがんばってもだめなら、田んぼ売ってでも、畑売ってでも応援するがな。そのときはいつでもいうてこい」とまでいってくれたのである。

売上げが伸びていったのは、その励ましに、本腰を入れて仕事に取り組もうと決意してからだった。

同棲を許してもらったときのことも忘れられない。

そのころ、私は本格的にコックの修業をするために梅田《うめだ》のレストランに勤めていたのだ

が、私が義兄の店をやめるというと、栄子も「あなたのいない店なんて」といって実家に帰ってしまった。

栄子の後を追い、栄子の実家を訪ねて同棲を申し込んだとき、義父は「何もしてあげられないが、キミがそこまで思うなら、娘をキミにまかせる」と、快《こころよ》く許してくれたのだった。

「よいことは一刻も早くしろ。悪いことはすぐやめろ」

義父の口癖《くちぐせ》は、私の信条になっている。

私が「お義父さん、見ていてください。僕はいまにビルを建てますからね」と大口をたたくと、笑いながら、「そりゃまあちゃん、建ててからいいなさい」と温かく激励してくれたのもそのときだった。

〈よし、必ずビルを建てたる!〉

その言葉が、私を発奮《はっぷん》させたのである。

地上七階、地下一階の自社ビル、「千房」道頓堀ビルが完成したのはそれから二五年後の平成四年(一九九二年)七月。明日はいよいよ落成式という前の晩、岐阜から出てきた義父は、ビルを見上げながら、

「まあちゃん、やっと実現さしたなぁ。ビル建ったなぁ」

と涙を流し、わがことのように喜んでくれた。私にとって、だれにいわれるよりうれしい最高のほめ詞《ことば》だった。

こんなこともあった。子どもができて、正式に結婚式をあげたときのことである。

当時、世間では結納金《ゆいのうきん》は三〇万円が相場とされていた。私にそんな大金がないことを知っていた義父は、世間体《せけんてい》も考えての「中身はいらん。袋の表に三〇万円と書いてくれればそれでいい」といってくれたのである。

私はそのとおりにした。というより、そうせざるをえなかった。すると、義父は「これで所帯道具を買いなさい」といって、妻にそっと五〇万円を持たせてくれたのだった。

もう亡くなったが、義父の存在と、その叱咤激励《しったげきれい》が私の心の支えとなり、いまにつながっている。

妻と店をしながらの悪戦苦闘の子育て

子育ての悪戦苦闘が始まったのは昭和四十八年（一九七三年）、千日前に店を構えてからだった。

当時、長男は五歳、次男は三歳になっていた。庶民的な長居の店なら、子どもを店の中で遊ばせていても許してもらえた。長男は、調理場の片隅《かたすみ》に段ボールを置き、それをベッドがわりにして育てたものだった。

しかし、千日前の店ではそうはいかない。赤い絨毯《じゅうたん》を敷いた、ファッショナブルな店である。たとえば、カップルで来られているお客さまの横で、子どもがチョロチョロしたのではつや消しになる。

かといって、妻も店で働いている。幼い子ども二人を家に置いておくわけにはいかない。そのときほど、「家におじいちゃん、おばあちゃんがいてくれたら、どれほど助かるか」と思ったことはない。しかたなく私は、「道路に出たらあかんでー」といい聞かせて、子どもたちを店の外で遊ばせることにした。

ビルは五階建て。一階から五階までの階段と、その手すりが幼い子どもたち二人の遊び場だった。

忘れもしない、オープンした翌年の一月になり、二月に入った、寒い、風の強い日だった。ドアをガラッと開けて、突然母が入ってきたのである。見ると、次男を抱きしめ、長男の手を引いている。血相《けっそう》が変わっていた。

「政嗣《まさつぐ》、おまえ何してんのや！　二人の子ども、ちゃんと見てやらんかいな。ほったらかしといて！」

いきなりの一喝《いっかつ》である。妻に対しても、同様だった。

「あんたらは、それでも親か。子どもの手ぇ、かじかんでるやないか。お店、ガラガラやないの。なんでここへ入れたらへんの。お母ちゃんは七人も子ども産んだけど、こんな育て方した覚えはただの一人もおらへん。子どもは宝や。おまえら、こんなことしてたら、終《しま》いめに罰《ばち》あたるで！」

母の怒りはもっともだった。階段は吹きさらしだが、店の中は暖房がきいている。だが、そんなことはいわれなくてもわかっている。私も妻も、生活のために、心を鬼にして子どもを外へ出しているのだ。妻は涙をこらえていたのだろう。私の横でジッと下を向いたままだった。

「そんなことというたかて、子どもが店の中でウロウロしていたら、お客さま二度と来てくれはらへん。僕かて必死になってこの店、支えていかなあかんねん」

一生懸命説明しても、母は聞かなかった。

「そんなん、関係あらへん。子どもと客と、どっちが大事や」

どっちが大事や――。もちろん、子どもが大事に決まっている。けれども、お客さまが来てくださらなければ、従業員はもちろんのこと、親子四人、生きていけないのだ。

「お客さまのほうが大事や」

私は思わずいってしまった。

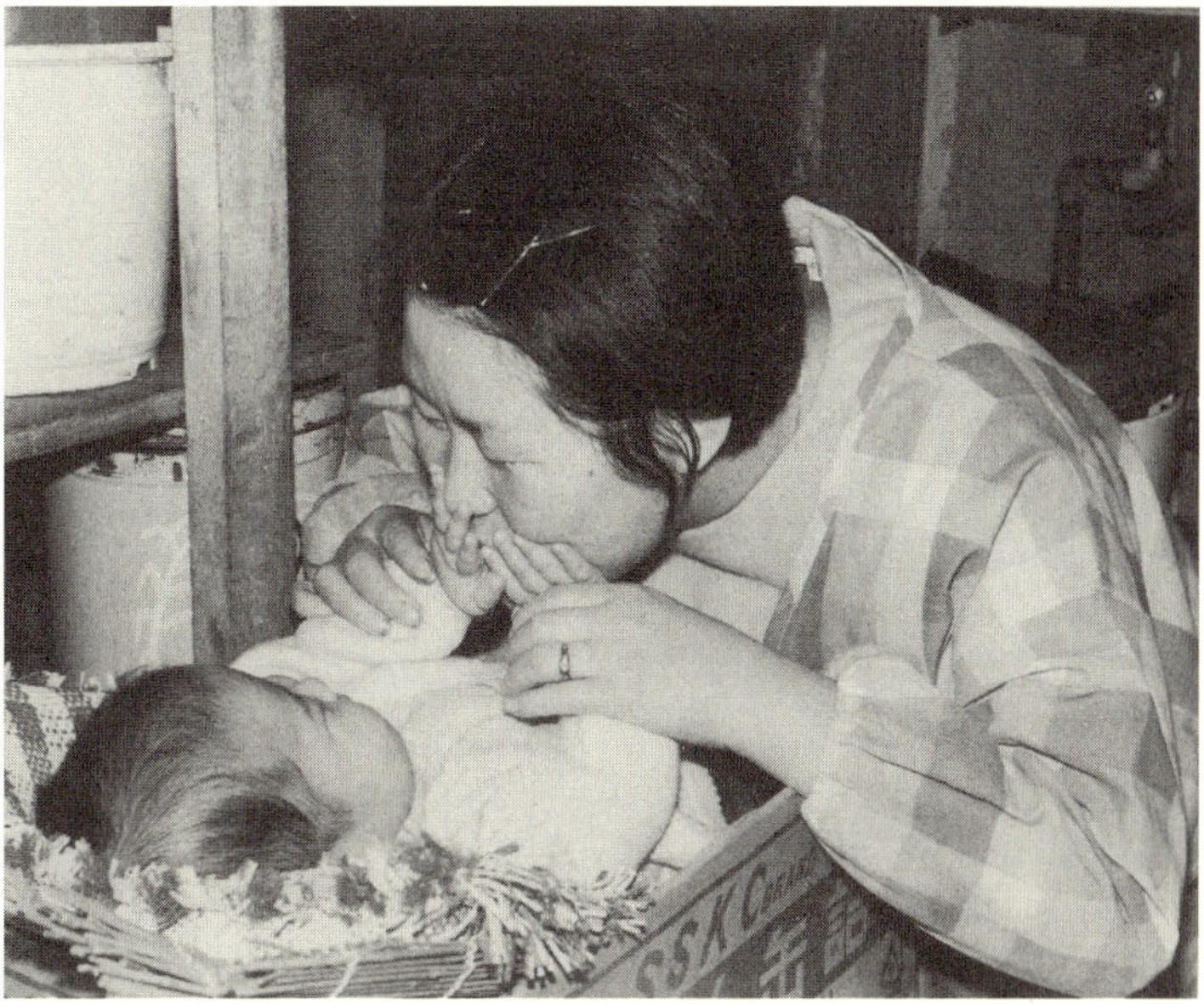

店の厨房の片隅で「段ボール箱のベッド」に寝かした長男をあやす栄子夫人

「おまえはアホか。頼むから子ども、店の中へ入れたって！」

子どものためには自分を犠牲にすることもいとわない、気丈《きじょう》な母である。何をいっても、頑《がん》として聞いてくれそうにない。

「お母ちゃん、わかった。ここで遊ばせるから」

しかたなく根負けした私の言葉に安心したのか、母は一言《ひとこと》「頼んだで」と念を押して泣きながら帰っていった。あのときの母の顔と言葉は、いまでも私の頭にこびりついている。想い出しただけでも胸がつまる。

しかし、三〇〇〇万円すべて借金で、ようやくの思いで出した店である。石にかじりついてでも成功させなければならない。母が帰るなり、私は心を鬼にして、子どもをまた店の外に放り出さざるをえなかった。

そして、閉店時間。お客さまが帰るやいなや、大急ぎで、二人の子どもを思いきり抱き締めながら、店の中に入れたのだった。

「寒かったやろ。寒かったやろ」

二人の頭をなでながら、私は泣けて泣けてしかたがなかった。妻も泣いていた。

当時の私たちは、そうするしか生きる道がなかったのである。

「愛情」は夫婦二人で育んでいくもの

商売が軌道に乗り、妻が店に出なくてもすむようになったのは、三男が生まれる前だった。

妻は子どもの前では徹底的に私を立ててくれた。たとえば、ビールはいつも妻が注《つ》いでくれ、手が離せないときは、「お父さんのビール、注いであげて」と子どもに注がせるようにした。「お父さんは偉いのだ」ということを、ビールを注ぐという行為で子どもたちに教えたのである。

三男が小学生のとき、「お父さんのこと、怖《こわ》いか、やさしいか、どっちや?」と聞いたことがある。私は「やさしい」といってくれるとばかり思っていた。

「どっちや?」

「お父さん、怖い」

期待は外《はず》れた。

「なんでや?」

「お母さんって、怖いねん。怖いお母さんが、お父さんにビール注いでる。だからお父さん、もっと怖いやんか」

いかにも子どもらしい比較だったが、私は思った。そうか、妻は私の知らないところで厳しくしつけてくれているのか。「お父さん、怖い」というのは、期待外れどころか、喜ぶべき返事だったのだ。

私は、講演などでよくこういう話をしている。

「お母さん、お子さんの前では絶対にお父さんを蔑《ないがし》ろにしないでください。蔑ろにすれば、子どもはお父さんを信頼しません。そしてお母さんも尊敬しません。お父さんは偉いのだ、お父さんが一生懸命に働いてくれているから、私たちはこうして生活できるのだ、といって聞かせれば、仮にお父さんは尊敬しなくても、お母さんのことは信頼します」

子どもが大きくなってから、「僕は物心《ものごころ》ついてから、お父さんに旅行や遊園地に連れて行ってもらった覚《おぼ》えがない」といわれたこともある。

仕事上、私は夜中の三時ごろに帰宅するのが常だった。そのため、休みをとって子どもたちと遊びに行く約束をしていても、疲れ切っていて、昼過ぎになっても起きられない。そんなときは、用意していた弁当を持って、妻が近所の公園に連れて行ってくれたものだった。それでも妻は、子どもには「お父さんは疲れてはるんやから、許したげてや」といってくれていたのである。

子どもたちが独立し、二人だけの生活に戻ったいま、妻からポロッポロッと昔の苦労話を聞かされるたびに、

店の片隅で２人の子を育てた時代があった

〈ああ、妻がおってくれて、いまの俺も、家族もあるんやな〉とつくづく思う。「男の元気は気丈夫な女房の気風《きっぷ》」という言葉があるが、まさにそのとおりである。

妻は、どんな夜中でも、私が帰るまで起きて待っていてくれた。落合恵子さんに『待ちくれて』という短編小説がある。自分の帰るところがある、そしてそこに自分の帰りを待っていてくれる人がいるということが、生きていくうえでどれほど大切なことかを教えてくれた。私の場合もまさにそうだった。

結婚式の祝辞などで「お似合いのカップル」という言葉をよく耳にするが、初めから似合いのカップルなど、ただの一組もない。生まれた親も違えば育った環境も違う。性格やものの考え方が一緒のはずがない。

それが、本当に似合いのカップルになっていくのは、一〇年、二〇年、三〇年たって、相手の「物差し」でものごとを見、考えられるようになってからではないだろうか。「好き」という感情は必ず飽《あ》きがくるが、「愛情」は二人で育《はぐく》んでいくものだからである。

結婚して三六年――。私たちもようやく夫婦らしい夫婦になってきたような気がする。

終　章　両親の深い愛情が私の原点である

不言実行の父と世話好きの母

私のふるさとは奈良県の當麻町《たいまちょう》である。わが家は経済的には貧しかったが、私は精神的にとても豊かな子ども時代を送ることができた。それは、厳しい父とやさしい母の愛情に包まれたから、ということにつきる。

私の父・中井松太郎は、明治三十八年に奈良県北葛城郡《きたかつらぎぐん》當麻町染野《そめの》生まれ。母・梅野は、大正二年（一九一三年）に當麻町竹ノ内《たけのうち》で生まれた。父と母がどういういきさつで、いつ結婚したかは、聞いたことがない。両親とも鬼籍《きせき》に入ってしまったいま、知る由《よし》もない。

二人とも農家に生まれ、父の仕事も百姓であった。

母は九人の子どもを産んだが、産んですぐ二人を亡《な》くし、七人を育てた。男五人、女二人のなかで私は五番目にあたり、兄三人、姉一人がいる。

父は不言実行の人だった。口数は少なかったが、とにかく実行する人だった。正義感が強く、曲がったことの嫌いな人でもあった。間違ったことをする人間には、相手が自分より強い立場でも噛《か》みついていくような人だった。と同時に、父は村の人たちの世話をよく焼く大変なお人好しでもあった。村の人たちもよくわが家に遊びにきていた。それを母はお茶を出してかいがいしく世話をするのだった。

「人の集まらん家はあかん」というのが父の口癖だった。母も常々「家にだれか来るいうたら、絶対に断《ことわ》ったらあかんで」といっていた。

家は私の祖父が建てたもので、当然風呂もあった。当時はもらい湯も珍《めずら》しくなく、近所の人たちがよくもらい湯に来ていた。

父はアイデアマンでもあった。

あるとき、「岩風呂をつくったろか」といいだした父は、私たち子どもを大喜びさせてくれた。山へ石を拾《ひろ》いにいき、石を乗せた荷車を父が引き、私たちが一生懸命押したこともつい昨日のことのように懐《なつ》かしい。

父は自分で左官をしながら石を積みあげていく。私たちはセメントにビー玉を埋め込んでいく。岩風呂といっても、いまある風呂桶《おけ》のまわりをそれらしい雰囲気《ふんいき》にするだけのことなのだが、子ども心にも楽しい作業だった。

またあるとき、叔父《おじ》（父の弟）が家を建てることになった。といっても自分の山の木を

「明治の男」の雰囲気がある父だった

伐《き》り出してきて建てるのである。そのため冬休みは毎日のように両親と一緒に山にいき、飯盒《はんごう》持参で一日中、山で作業をしたこともあった。

冬の土曜日は、父と母は朝から山へ、風呂の焚《た》きつけなどに使う枯《か》れ葉や枯れ枝を拾いにいった。私たちは学校から帰ってから山に迎えにいく。ドンゴロスという麻袋《あさぶくろ》にいっぱい詰めたのを子どもたちが背負って帰るのだが、これがなかなか重たいものだった。

土手に父が桐《きり》の木の苗を一〇本ほど植えたことがあった。私たちも手伝いながら、何のためのものかと聞くと、娘の嫁入り道具のタンスをつくるために植えているのだと父は答えた。

「一〇年もすると大きなって、タンスつくれるんや」

結局、その桐でタンスをつくることなく父は逝《い》ってしまったが、父の私たち子どもに対する深い愛情を私は感じた。

囲炉裏《いろり》をつくろか、といって、居間の床を鋸《のこぎり》で切り、穴の周りを壁土で積み上げ、たちまちに囲炉裏をつくってくれたことがあった。桐のタンスにしても、囲炉裏にしても、自分でつくるというのだから、父はとにかく器用な人だった。

農作物の主たる米づくりにおいても、父はアイデアマンぶりを発揮した。当時、わが家の農地の一つに小さいのと中くらいのと二枚の田んぼがあった。その二つの田んぼには高低があり、段差があった。それを父は、子どもたちも動員して三〇〇坪くらいの一つの田んぼにしてしまったのだ。いまならブルドーザーで一気にやってしまうところだが、少しずつ削《けず》っては一輪車で土を運び、ついに一枚にしてしまったのである。

子どもが多いから、田んぼは二毛作をおこなった。夏に早々と米を収穫するのは、近所でもわが家だけだった。

農家だから食べる物はあり、家財道具などもあるのだが、とにかく現金がなかった。そのくせ父の革靴《かわぐつ》は別誂《あつら》えだった。靴屋で特別に誂えるのである。わが家には蓄音機《ちくおんき》もレコードもあったから、父はおしゃれで、粋《いき》なところがあったようである。

家財道具には買った日付を書いていて、物によっては値段まで記してあった。ときどきそれを見ながら「ああ、何年前のやつやなあ」と懐かしみ、大事に扱《あつか》うのである。これは私にも遺伝し、こっそり家財道具に日付を入れる癖がついた。こうすることによって物を大切にする気持ちが養《やしな》われた。

父親の存在と同じように、母親の存在も大きかった。

母はとにかくやさしい人だった。丁稚奉公がつらくて、私は何度も母に「やめたい」と電話をした。そのたびに「政嗣《まさつぐ》、いまはつらいやろけど辛抱《しんぼう》しいや」とやさしく励ましてくれ、私はそのたびに思いなおす、その繰り返しだった。

母のやさしさはその実家である津田家の両親に由来する。温厚なまるで仏さまのような、いいおじいちゃんおばあちゃんだった。家から歩いて母の竹ノ内の実家に連れていってもらうときは本当にうれしかった。孫である私たちにも真心《まごころ》で接してくれ、その人柄にふれるのがとても心地よかった。

育児と家事で手いっぱいの母も、農繁期には田んぼに出て、野良《のら》仕事をした。兄たちも手伝うのだが、農作業が苦手《にがて》な私は、

「ほんな俺、風呂沸《わ》かして、ご飯炊《はんた》いとくわ」

と家の賄《まかな》いをした。母も喜んで、

「それやったら、おかずもつくっといて。ついでに家の掃除もしといてや」

と私にまかせてくれた。

私は、田んぼに入ってヒルがいっぱい足に吸いついてきたり、冬、牛の糞《ふん》を肥料として田んぼに撒《ま》くのが苦手だった。私は子どものころから変にきれい好きだった。半面、台所に立つのがまったく苦にならない。そういう性格が今日の仕事に結びついたともいえる。

おやつも自分でつくっていた。メリケン粉《こ》（小麦粉）だけはたくさんあったので、水で溶《と》いて、お好み焼きとか回転焼《かいてんやき》をつくった。餡《あん》にはイモを蒸《む》してイモ餡をつくった。サツマイモの皮をむき、砂糖のかわりのサッカリンをまぶして練《ね》るのである。それをメリケン

母方の祖父母

粉のなかにちょっと入れて、同級生や近所の子どもたちといっしょに焼きながら食べる。駄菓子など買ってもらえない時代なのだ。

「お父ちゃん生きてたら喜ぶのになあ」

千日前の「千房」をオープンしたとき、逐一《ちくいち》、母に電話で報告した。うれしいことは何でも母に知らせたかったのである。

「これからオープンするで」

お昼のラッシュがすんだとき、

「お母ちゃん、これだけ売上げあがってん」

母は数字のことなど、よくわかっていないにもかかわらず、

「政嗣、ようがんばったな。えらかったな。よう売上げあがったな」

といってほめてくれた。

夜中、閉店したとき、

「お母ちゃん、いま終わったで」

「そうか、よかったなあ。ご苦労さま」

こんな時間に電話してなんやの、などと嫌味《いやみ》なことはいっさいいわず、母は本当に素直

に喜んでくれた。

「ホンマによかったな、お父ちゃん生きてたら喜ぶのになぁ」

とそればかりいって、母は電話のむこうで泣くのが常だった。

私がどんな立場になろうが、母にとって私は永遠に子どもなのである。

昭和五十年代後半、千房が全国展開するようになってからも、年末になるときまって母から電話がかかってきた。

「もち米取りにおいで」

正月用のもちをつくためのもち米のことである。わが田んぼでとれたもち米を「精米《せいまい》してあるから取りにこい」というのである。もちは買ったほうが安いのだが、「政嗣とこの分、残してるからな」といわれれば、取りに行かないわけにはいかない。

私は親孝行のつもりで必ず行った。すると、米のほか野菜なども持たしてくれる。私は母親にお年玉を渡し、甥《おい》や姪《めい》にもお年玉をあげる。これが年末の恒例《こうれい》になっていた。

私が実家の仏壇の前に座り手を合わせていると、母はやはり、

「お父ちゃん生きてたら喜ぶのになぁ」

といって涙を流した。母の涙を見るたびに私は、世間で知らずしらずの間にたまってしまった自分の汚れを洗い流してもらっているような気がした。それと同時に、人生まじめ

に生きなあかんのやな、絶対に親を悲しませたらあかんのやな、と背筋《せすじ》を正されるのだった。

ある年、母はこうもいった。

「お父ちゃんはな、『おれの下着はないんか』ってよういうたはった」

新しい年を迎えるとき、母は子どもたち全員に、真新しい下着と下駄《げた》を買ってくれた。それが当時の社会の習慣だった。でも、父の分まで買う余裕はとてもなかったのである。

「自分たちのことを犠牲にしてでも、僕ら子どもに与えてくれたんやな」とあらためて両親への感謝の思いが募《つの》るのだった。

しかし、私が本当に親のありがたさに気づくのは、社会人となり、経営者となってからのことである。あまりにも遅い、遅すぎたのである——。

父と観た『赤銅鈴之助』の思い出

母の口癖の「お父ちゃんが生きてたらなぁ」を私もたびたびよく考えた。でも、父が生きていたら、間違いなく今日の私はない。これまでの人生の数限りない歯車の、どれ一つ違ってもいまの「中井政嗣」にはたどりつかないのである。

これは、幸福論・幸福観につながってくるのだが、

父の一周忌に集った中井一族

「あなた、いま幸せですか」

と問われて、

「はい」

と答えられる人生であるかどうか。生まれてから今日まで、いろんなことがあったが、ぜんぶ正しかったから「いま」がある。またその思いが、将来の幸せを約束するのである。詩人の坂村真民《しんみん》さんの言葉に「念ずれば花ひらく」とある。「念」とはまさに「いまの心」であり、いまの心の持ちようが、幸せかどうかを決するのである。

人はみな、よくなれば「ああ、ありがたいなあ」と感謝する。それほどいい状況でない場合、「感謝なんかできるか！」と思う。だが、何を基準に自分を幸せとか不幸せ《ふしあわ》と思うのだろうか。

小学校、中学校のころ、私は自分の家が貧しいとは思わなかった。お金がないのはわかっていたけれど、だからといって決して不幸だとは思わなかった。両親の存在が大きかったからである。父や母の限りない愛情に包まれていたからこそ、幸福だったのである。

子どもというのは、自分が親から愛されているという実感があれば、絶対に間違った方向にはいかないと思う。それは、モノやおカネを与えられるとか、過保護にされるということではない。

わが家では父が一家の大黒柱《だいこくばしら》であり、絶対的に偉《えら》い存在だった。座る位置は上座《かみざ》。ご飯をよそったお茶碗《ちゃわん》は父から。風呂も父から先に入る。私たちは焚《た》く係。子どもたちが入るときはぬるくなっているので母が、「いま焚いたるからな」と薪《たきぎ》をくべてくれるのだが、ぬくもるには時間がかかる。でも、心は瞬間にぬくもった。

父は怖く、厳しかったけれど、なんともいえない逞《たくま》しさ、頼もしさがあり、何でもできる人だった。

その父に初めて映画に連れていってもらったのは、中学二年の夏休みだった。三笠饅《みかさまん》頭《じゅう》を二つ買って、八木（奈良県）の市内の映画館に入った。父は胃がんの手術をして間もないころだったので、私は、

「お父ちゃん、そんなん食べたらあかんで」

と心配しながら『赤銅鈴之助《あかどうすずのすけ》』を観《み》た。映画は初めての経験だったのでともかく感激し、内容はさっぱり覚えていない。

その帰り道に弟とバッタリ会い、二人してグローブとバットを買ってもらったことも忘れがたい。

身内のことを自慢することを許していただけるならば、こういう両親に愛情をいっぱい注《そそ》いでもらい育てられたからこそ、私たちきょうだいはみんなまっすぐな人間に育つこと

ができたと思う。きょうだい全員親孝行で、親のことを悪くいう者はだれ一人もいない。

農業を継いだのは長男だけで、次男、三男は丁稚奉公に出ていった。

藪入《やぶい》りで奉公に出た兄たちが、みやげをたくさん持って帰ってくるのが楽しみだった。帰宅は夕方の予定なのに、ひょっとしたら早く帰ってくるかもしれないと、私は昼ごろから當麻寺《たいまでら》の駅に自転車で迎えにいった。帰りは二人であれこれ話をしながら、三十分かけて歩いて帰るのだった。

父は、帰ってきた兄たちをいつも、

「田んぼ見にいこ、ついてこい」

といって、連れ出した。田んぼを見せるというのは口実で、父と兄の後ろ姿を見ながら母は、

「お父さんは、近所の人に自分の息子を誇らしげに見せにいってんねやで」

といった。まだ小学生だった私は、「ああ、親というのは、そういうことがうれしいのやなあ」と思ったものだった。

父と母は七人の子どもを公平に育てた。

私はやんちゃで、しょっちゅうケガをした。あるとき池に飛び込もうとして、手前の砂のところで頭を打ち、血まみれになって家に帰ったことがあった。母は私の頭の血を拭《ふ》く

なり、卵《たまご》を割って白身をつけてくれた。白身をつければ治るとされていたからなのだが、当時の卵はとても貴重《きちょう》なものだったから、私はとてもうれしかった。そこには子どもをなにより大切に思う親の価値観が反映されていた。情愛の深い両親だったとつくづく思う。

父の死に目にも母の死に目にもあえず

父は昭和三十六年（一九六一年）十月十日、五十七歳で亡くなった。この年の四月、私は中学を卒業して尼崎《あまがさき》に丁稚奉公に出ていた。

「政嗣、どんなにつらいことがあっても、一年間は辛抱せえよ、泣き言いうて帰ってくるなよ」

と父にいわれていたから、半年以上、父には会っていなかった。

やはり丁稚奉公していたすぐ上の兄は、頻繁《ひんぱん》に実家に帰っていたので実情はよく把握《はあく》していたが、私には心配かけまいと思って、何も教えてくれていなかった。父の病状をようやく知ったのは亡くなる一週間ほど前のことである。兄が、

「おまえ、いっぺん実家に帰れ。お父さん、心配してるさかい」

といったので、

「なんで」

「お父さん、がんが再発したみたいや」

「えー、なんで早よいうてくれへんかったん。ほんなら、こんどの休みに帰るわ」

そういってる矢先に「危篤《きとく》」の電報が届き、飛んで帰ったが、私が到着する十分前に父は亡くなっていた。私は父の死に目に間にあわなかったのだ。

姉やおばが、口をそろえて私にいった。

「なんでもっと早よ帰らへんかったんや。お父さん『政嗣はまだか、政嗣はまだか』って、最後までいうてたで」

結局、父の最期《さいご》に間に合わなかったのは、家族で私だけであった。

そんなことがあったから、母だけはちゃんと見届けたいなと思っていたところ、こんどは東京に出張中の夜中に「危篤」の連絡がきた。平成三年（一九九一年）の二月のことである。

しかしこのときは、少し前に「お母ちゃんの病状があまりよくない」と兄から聞かされていたので、その二日前に実家に帰って母に会っていた。腎臓《じんぞう》を患《わずら》って入院していたのだが、一時、病院から退院したところだった。七十八歳になっていた母は尿毒症を起こし、意識が混濁《こんだく》していた。しかし、私の顔を見たら急に目を覚《さ》ましたのである。

母の第一声は、

16歳の時の著者（昭和37年）

「千房の社長さん、こんばんは」

だった。私は驚いて、

「何いうてんのん、お母ちゃん、政嗣やんか」

と母の肩を揺《ゆ》さぶったにもかかわらず、

「千房の社長さん、いつもお世話になりまして、ありがとうございます」

と母は繰り返した。

〈ああ『千房の社長』という部分で母はずっと僕に気を遣《つか》っていたんやなあ〉

と気づかされた。私が母にいろいろな形でしてきたことは、「息子・中井政嗣」がしていることなのだけれど、母にとっては「千房の社長さん」がしたことだったのである。

前の年の十二月に病院へ見舞いにいったとき、母は、

「政嗣、悪いんやけど、看護婦さんにちょっと包んでくれへんかな」

と遠慮がちにいった。心づけのことである。

「よっしゃ、よっしゃ」

「悪いなぁ。お金使わせてかまへんのか、かまへんのか」

と母は繰り返しいった。

「かまへん、かまへん」

いつのころからか、実家の兄や兄嫁に気を遣ってか、母が私に頼みごとをするときはお金のことだった。私は母のためなら何の抵抗もなく喜んでお金を出すつもりでいたので、いつも母のいうことをサッとかなえた。すると逆にいいにくいらしく、遠慮するふしが見えた。

「だれにもいわんといてな」

と母は私にいった。だが私は妻にはそのつどいっていた。夫婦間のそのような内緒ごとはいつまでも隠《かく》せるわけはなく、ばれたときに妻がそっぽを向く。

そのうち私は妻を通じていろいろなものを母に渡すようにした。

「ええ人やな、おまえのとこの嫁《よめ》は」

と母はいつも妻をほめてくれた。その言葉は自分をほめてもらっているようにも聞こえた。

ついにできなかった母の下の世話

私は母に喜んでもらいたかった。私たちきょうだいにいままでたくさんの愛情を注いでくれた母には、何でもしてあげたかった。しかし、私には一つだけ心残りであり、できなかったことがあった。母の下《しも》の世話だった。

入院したとき母は自分で後始末ができなくなっていた。私と妻が見舞いにいったときは、妻が母をトイレに連れていって世話をしてくれていた。だが弟夫婦の場合は、弟が自分で母の下の世話をしていたという。親族が集まったときそんな話になり、私も知るところとなった。私は弟を見なおし、あるとき弟にいった。

「お母ちゃんの下の世話してくれてたらしいなあ。すごいなあ。抵抗はなかったん？」

「何で抵抗あんのん？」

と逆にいわれた。私は自分の親の下の世話はできなかった。自分でもなぜだかよくわからないが、「お母ちゃんは、僕たちの母であると同時に、一人の女性である」という母に対する私の意識がそうさせたのかもしれない。

石川洋《よう》先生の言葉に、

「お尻拭《しりふ》いてもらった親のお尻を拭かないかぎり、一人前ではない」

という意味のものがある。その意味で、私は一人前になっていないし、いまでも母の下の世話をできなかったことが私の負《お》い目になっている。

「親のかけがえはない」

とよくいう。この両親のもとに生まれ、いろいろなことが織《お》り合って、積み重なってきての今日《こんにち》の私なのである。「かけがえ」のあろうはずがない。

「子は親を選べない」

反対に、

「親も子を選べない」

ともいう。

しかし私は、自分の両親のこと、そして自分自身の生きて来《こ》し方を振り返ったとき、私はこの両親を選んで生まれてきた、そして、両親も私たち子どもを選んで産んでくれた、といい切れる。そんな気がする。

本書の第一章から第十六章までは、月刊『潮』二〇〇二年十月号から二〇〇三年十二月号まで計十六回にわたって掲載されたものに加筆し、再構成したものです。なお、終章は書き下ろしです。

（編集部）

中井政嗣（なかい・まさつぐ）
昭和20年（1945年）奈良県生まれ。中学卒業と同時に乾物屋に丁稚奉公。昭和48年大阪ミナミ千日前にお好み焼き専門店「千房」を開店。大阪の味を独自の感性で国内のみならず海外にも広める。その間、昭和61年40歳にして高等学校を卒業。現在、自身の体験をふまえた独特の持論で社会教育家としても注目を集め、全国各地で講演を行う。著書に『それでええやんか！』（小社刊）がある。「千房」会長、元道頓堀商店会会長、法務省矯正広報大使。
〈連絡先〉〒556-0017
大阪市浪速区湊町２－２－45　千房株式会社
電話（06）6633－1430

できるやんか！
――人間って欠けているから伸びるんや
2004年3月25日　初版発行
2018年12月10日　15刷発行
著者　中井政嗣

発行人／南　晋三
発行所／潮出版社
〒102-8110　東京都千代田区一番町6　一番町SQUARE
電話／03・3230・0781（編集）03・3230・0741（営業）振替口座／00150-5-61090
本文印刷・付物印刷・製本
大日本印刷株式会社
★
ISBN4-267-01701-8　C0095
落丁・乱丁本はお取り替えいたします。
http://www.usio.co.jp